Sicher ist sicher. Bei aller Sorgfalt, die wir in der Recherche haben walten lassen, können sich Öffnungszeiten auch einmal kurzfristig ändern, oder ein Lokal ist gerade in Ihrer perfekten Gardasee-Woche ausgebucht oder geschlossen. Darum empfehlen wir, grundsätzlich möglichst weit im Voraus zu reservieren. Ein kurzer Anruf genügt, und Sie können sicher sein, zur vereinbarten Zeit einen Platz zu finden.

© Süddeutsche Zeitung GmbH, München
für die Süddeutsche Zeitung Edition
in Kooperation mit smart-travelling GbR, Berlin
Reihe „Eine perfekte Woche …"

Idee und Konzept: Nancy Bachmann, Nicola Bramigk
Redaktion: Nicola Bramigk
Texte: Ralph Amann
Fotos: Florence Haferl
Gestaltungskonzept: Verena Bettin
Gestaltung und Illustration: Tanja Riccius, Rahel Streiff

Projektmanagement: Michaela Adlwart
Projektmitarbeit: Anne Reuter
Litho: Journal Media
Herstellung: Thekla Licht, Hermann Weixler
Druck und Bindung: Kessler Druck + Medien, Bobingen

Printed in Germany
1. Auflage 2012

ISBN: 978-3-86615-959-4

SMART
TRAVELLING

EINE PERFEKTE WOCHE ...
AM GARDASEE

LIEBLINGSADRESSEN AM GARDASEE

DAS ROMANTISCHE, WILDE WESTUFER
Seite 12

1 Hotel:
Villa Arcadio
Via Palazzina, 2; 25087 Salò
Tel: 0039 0365 42281
Seite 14

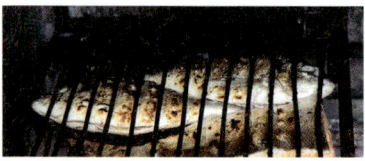

2 Restaurant:
Ristorante Da Osvaldo
Via Porto Portese, 1; 25010 San Felice
Tel: 0039 0365 62108
Seite 22

3 Aktion:
Azienda Agricola Comincioli
Via Roma, 10; 25080 Puegnago
Tel: 0039 0365 651141
Seite 30

4 Restaurant/Bar:
Osteria dell'Orologio
Via Butturini, 26; 25087 Salò
Tel: 0039 0365 290158
Seite 32

5 Aktion:
Mercato Coperto dei Formaggi
Via Molino, 3; 25085 Gavardo
Tel: 0039 0365 31110
Seite 36

6 Restaurant:
Ristorante Casinò
Via Zanardelli, 166; 25083 Gardone
Tel: 0039 0365 20387
Seite 40

7 Aktion:
Giardino Fondazione André Heller
Via Roma, 2; 25083 Gardone Riviera
Tel: 0039 0336 410877
Seite 48

8 Restaurant:
Trattoria Riolet
Via Fasano Sopra, 75; 25083 Gardone
Tel: 0039 0365 20545
Seite 54

9 Hotel:
Villa Sostaga
Via Sostaga, 19; 25084 Navazzo
Tel: 0039 0365 791218
Seite 60

10 Aktion:
Limonaia la Malora
Via Libertá, 2; 25084 Gargnano
Tel: 0039 0365 71840
Seite 68

11 Hotel:
Hotel Villa Giulia
Viale Rimembranza, 20
25084 Gargnano sul Garda
Tel: 0039 0365 71022
Seite 74

LIEBLINGSADRESSEN AM GARDASEE

DER BERGIGE NORDEN
Seite 84

12 Restaurant:
Trattoria Piè di Castello
Via al Cingol Ros, 38; 38060 Cologna
Tel: 0039 0464 521065
Seite 86

13 Restaurant:
Ristorante Pizzeria Leon d'Oro
Via Fiume, 28; 38066 Riva del Garda
Tel: 0039 0464 552341
Seite 94

14 Café:
Gelateria Pasticceria Bologna
Via Garibaldi, 14; 38065 Mori
Tel: 0039 0464 918475
Seite 102

15 Aktion:
Madonna delle Vittorie
Via Linfano, 81; 38062 Arco
Tel: 0039 0464 505432
Seite 108

16 Aktion:
Parco Grotta Cascata Varone
Via Cascata, 12; 38060 Tenno
Tel: 0039 0464 521421
Seite 114

DAS LIEBLICHE OSTUFER
Seite 116

17 Hotel:
Hotel La Vittoria
Via Lungolago Regina Adelaide, 57
37016 Garda
Tel: 0039 045 6270473
Seite 118

18 Restaurant:
Osteria al Pescatore
Via Imbarcadero, 31
37010 Castelletto di Brenzone
Tel: 0039 045 7430702
Seite 126

19 Café/Aktion:
Torri del Benaco
Seite 134

20 Restaurant:
Taverna Kus
Località Castello, 14
37010 San Zeno di Montagna
Tel: 0039 045 7285667
Seite 138

21 Aktion:
Funivia Malcesine – Monte Baldo
Via Navene Vecchia, 12
37018 Malcesine
Tel: 0039 045 7400206
Seite 144

DER TOURISTISCHE SÜDEN
Seite 146

22 Hotel:
Villa Pioppi
Via XXV Aprile, 76; 25019 Sirmione
Tel: 0039 030 9904119
Seite 148

23 Restaurant:
Ristorante Alla Borsa
Via Goito, 2; 37067 Valeggio
Tel: 0039 045 7950093
Seite 154

DIE WEINGEGEND VALPOLICELLA
Seite 160

24 Restaurant:
Locanda del Bugiardo
Via Cariano, 24 A; 37029 San Pietro
Tel: 0039 045 6801725
Seite 162

25 Hotel:
Agriturismo del Bugiardo
Via Cariano; 37029 San Pietro
Tel: 0039 045 6895192
Seite 166

26 Aktion:
Weingüter Alighieri & Masi
Via Monteleone, 26
37015 Gargagnano di Valpolicella
Tel: 0039 045 7703622
Seite 170

DAS QUIRLIGE
VERONA
Seite 182

27 Restaurant:
Ristorante Locanda di Castelvecchio
C. Castelvecchio, 21 A; 37121 Verona
Tel: 0039 045 8030097
Seite 184

28 Restaurant:
Antica Bottega del Vino
Via Scudo di Francia, 3; 37121 Verona
Tel: 0039 045 8004535
Seite 192

29 Restaurant:
Trattoria I Masenini
Via Roma, 34; 37121 Verona
Tel: 0039 045 8065169
Seite 200

GUT ZU WISSEN
Tipps, Ausflüge, Spaziergänge
Seite 209 – 240

DAS VERSPRECHEN DES SÜDENS

Die Luft wird wärmer, dichter, duftender, südländischer, hier und da hört man italienisch, bis das legendär leuchtende Blau des Gardasees zwischen den letzten Ausläufern der Alpen auftaucht. Manchem Dichter und Denker kam er wie ein Paradies vor, wie ein auf die Erde gestürztes Stück Himmel, wie die schönste Landschaft der Welt. Gewiss, ein bisschen altmodisch ist die heile Welt.

Die Luft und das Licht sind herrlich, Winde sausen aus allen Richtungen über den See. Am Gardasee ist der Übergang vom kühlen Norden zum mediterranen Süden wie in Essenz spürbar. Und die Orte wirken so schön, so beschaulich wie im Bilderbuch. Zwar ist es nicht mehr ganz so wie zu Goethes Zeiten, als die Menschen ein sorgloses Schlaraffenleben zu führen schienen und die Türen keine Schlösser hatten, aber friedlich, wunderbar friedlich ist es an dem See, an dem die Menschen vom Tourismus, Olivenöl und Wein leben, immer noch. Auch die Sprachbarrieren sind niedrig. Italien light.

Neben herrlichen Landschaftspanoramen gibt es an den Ufern Gründerzeitgrandezza zu sehen, Festungen, karolingische Klöster und römische Ruinen – und Pflanzen, die sonst fast nirgends im Bergpanorama zu finden sind: Magnolien und Kamelien, Oleander und Hibiskus, Eukalyptus und Ölbäume, Palmen und Zypressen, Weinreben und Zitronenbäume. All das lässt sich bei einem Cappuccino, dem obligatorischen Sprizz, köstlichen Weinen und gegrillten Fischen wunderbar genießen.

DAS ROMANTISCHE, WILDE WESTUFER

Das Westufer ist herrlich. Die schmale Gardesana führt zwischen schroffen Felsen am Ufer entlang. James Bond lieferte sich hier wilde Verfolgungsjagden. Limone und Campione kleben an den Steilhängen im Nordwesten. Oberhalb, auf der Hochebene von Tignale, Tremósine und im Naturpark Alto Garda Bresciano lässt es sich mit atemberaubendem Blick auf den blauen See traumschön wandern oder biken. Eine Landschaft wie aus dem Bilderbuch. Allein Limone veränderte sich stark. In Gargnano hingegen scheint die Zeit stehen geblieben zu sein. Milder, sanfter wird hier die Landschaft am See – und die Orte mondäner. Die Villa Feltrinelli steht dort, das Grand Hotel am Gardasee. Und seit D. H. Lawrences „Italienischer Dämmerung" kann man bei den Resten der alten Limonaia, der Zitronengärten, an nichts anderes als an Tempelruinen denken. Der Hafen von Villa mit seinen niedrigen Orangenbäumen ist urromantisch. Toscolano-Maderno fällt im Vergleich dazu ab, hat aber das wunderschöne Tal mit den alten Papierfabriken im Hinterland. Elegante, altmodische Grandezza herrscht in Gardone Riviera unten am Wasser bei Oleander und Orangenbäumchen. Das Grand Hotel wirkt wie ein Relikt aus alter Zeit. Stefan Zweigs Novelle „Untergang eines Herzens" spielt hier – in der sich der Protagonist bei aller Eifersucht und Scham an der Landschaft labt. Wunderschön und viel moderner ist Salò. Die breite Uferpromenade besitzt zu allen Tages- und Nachtzeiten ihren Reiz und auch zum Shoppen ist Salò einfach ein toller Ort.

VILLA ARCADIO

In einem ehemaligen Kloster aus dem 14. Jahrhundert können Sie wunderbar stilvoll logieren. Es gibt keinen besseren Standort am Gardasee. Schlichte Eleganz, luxuriöse Details und moderne Raffinessen – lässiges Wohlfühlen pur!

Schon die Auffahrt über die Allee hinauf zum Resort ist ein Vergnügen. Das ehemalige Kloster liegt auf einem Hügel inmitten eines elf Hektar großen Gartens mit Panorama-Pool, Olivenhainen, Blumen, Kräutern und Obstgärten. Der Blick vom Pool auf den See, auf Salò und die Hügel ist traumschön.

Die Mischung aus altem Gemäuer, antiken Möbeln und modernem Design, der Mix an Materialien wie alten Holz- und modernen Stahltüren verströmt eine schlichte, unbefangene Eleganz. Das Frühstücksbuffet gehört zu den besten am Gardasee. Bei schönem Wetter wird unter aufgereihten bunten Glockenlampen und Weinranken auf der Veranda gespeist.

Am Pool, in der Sauna, beim Yoga, den Massagen oder im Garten mit Blick auf den Gardasee können Sie die Seele baumeln lassen – oder einen Ausflug mit dem Riva Aquarama Special buchen und mit dem Motorboot über den See brausen.

Das Restaurant mit typischen Spezialitäten und internationalen Gerichten ist ausgezeichnet – und steht auch Nicht-Hotelgästen offen. Beste Zutaten werden auf den Punkt zubereitet.

❶ Villa Arcadio Adresse: Via Palazzina, 2; 25087 Salò (BS)
Tel: 0039 0365 42281 Internet: www.hotelvillaarcadio.it
Preise: DZ ab 230 Euro inkl. Frühstück, Restaurant sonntags geschlossen

Gespräch mit Jaana Nakari

Inhaberin der Villa Arcadio

Nutzen Sie den schönen Garten für das Restaurant?

Im Sommer ernten wir die Beeren und das Obst für das Frühstücksbuffet. Sie sind einmalig aromatisch und natürlich unbehandelt. Alle anderen Zutaten kauft mein Mann selbst ein.

Wie haben Sie das alte, ehemalige Kloster gefunden?

Ich träumte von einem kleinen Hotel. Vom Kloster war nur noch eine Ruine übrig. Francesco hatte sofort eine Vision davon, wie es als Hotel aussehen könnte. Acht Jahre haben wir renoviert, uns Zeit gelassen und versucht, auf alle Details zu achten. 2006 konnten wir das Resort eröffnen. Für mich ist Salò die italienischste Stadt am Gardasee – ich fühle mich hier pudelwohl.

Das Gesamtkonzept ist wunderbar stimmig. Wie haben Sie das hinbekommen?

Francesco ist selbst sehr kreativ und hat einen guten Freund aus einer berühmten Weinfamilie, Roberto Berlucchi, einen Architekten. Sie haben sehr gut zusammengearbeitet. Roberto will den Charakter und die Spuren aus jeder Zeit bewahren. Die neuen Designermöbel von Casamilano ergänzen sich fantastisch mit den Antiquitäten und der Kunst, die Francesco bereits gesammelt hatte. Es kommt auf die Balance an: Zuviel Geschichte erzeugt eine Schwere – das Moderne setzt die Leichtigkeit dagegen.

Und Sie haben vermutlich die skandinavische schlichte Eleganz beigetragen?

Zumindest bin ich in Finnland aufgewachsen, mit 19 Jahren kam ich dann nach Rom an die Accademia di Costume e di Moda. In der Modeschule habe ich vieles gelernt, was uns jetzt für die Inneneinrichtung des Resorts geholfen hat.

RISTORANTE DA OSVALDO

Bei Osvaldo dreht sich alles um die Glutberge im großen schwarzen Grill. Ein echter Geheimtipp am Hafen von Portese ist dieses Ristorante Da Osvaldo. Herrlich sitzt man draußen am Mäuerchen unter den Linden direkt am See und kann in schönster Umgebung das Essen genießen. Der Blick auf Gardone Riviera und das Vittoriale ist traumschön, ebenso wie der auf Salò und die munter vor sich hinschaukelnden Boote im Hafen.

Der Grill ist das Herz des Restaurants. Seit 1957 gehört das Osvaldo der Familie Morosi. Der Sohn lernte bei seinem Vater und der Vater beim Großvater, wie das Fleisch und die Fische behandelt werden wollen, bevor sie auf den Grill kommen und wie lange sie dort liegen müssen, damit alle Stücke auf den Punkt genau zubereitet sind. Die Fische werden kurz eingelegt (die Marinade bleibt natürlich streng geheim), mit einem Rosmarinbüschel bestrichen, gewürzt und dann auf den Grill gespannt. Bei Osvaldo gibt es ausgezeichnete Süß- und Salzwasserfische, aber auch unglaublich gute Fleischgerichte.

Für regnerische Tage stehen einige Tische im Lokal. Draußen ist es jedoch deutlich schöner.

Der Vater des Hauses veröffentlichte 2008 einen Kriminalroman: „Il volo dell'Angelo filo". Er ist noch nicht übersetzt, spielt am Gardasee, klingt geheimnisvoll und liegt zum Reinlesen oder Durchblättern in der Gaststube.

2 Ristorante Da Osvaldo Adresse: Via Porto Portese, 1; 25010 San Felice del Benaco (BS) Tel: 0039 0365 62108
Öffnungszeiten: Mittwoch – Montag 12.00 – 14.00 Uhr und 19.00 – 21.00 Uhr

☞ Mokai Beach

Herrlich, um auf einer der blauen Liegen am Strand zu chillen und einen Sprizz in der Abenddämmerung zu trinken. Die Sommerbar Mokai Beach ist eine ziemlich lässige Bar mit Liegestühlen am Strand – auf halber Strecke zwischen Salò und dem Ristorante Da Osvaldo. Hinter der Strandbude erhebt sich eine imposante Zypressenreihe, die den stillen Friedhof vom ruhigen See trennt. Unten am Strand werden in der ebenso improvisiert wie professionell wirkenden Sommerbar Mokai Beach Drinks und Aperitife ausgeschenkt. Ein wunderbar unprätentiöser Ort zum Sonnen und Baden oder einfach nur zum Ausgehen und Entspannen.

COMINCIOLI

AZIENDA AGRICOLA COMINCOLI

Solch eine mutige Mischung aus Tradition und Hightech, aus Liebe zum Olivenöl und wissenschaftlichem Ehrgeiz wie bei den Cominciolis findet sich sonst nirgendwo. Seit Jahrhunderten sind sie für ihren ausgezeichneten Wein berühmt, den Gropello, und jetzt gehört auch ihr Olivenöl zu den besten Oli Extravergine di Oliva weltweit.

Bei Führungen durch die Anlage lernen Sie nicht nur leckere Olivenöle, Grappe und Weine kennen, sondern auch liebevolle Details über die Gewinnung und Produktion, wie sie in kaum einem Lehrbuch stehen. In Kooperation mit einem pfiffigen Maschinenbauer werden alle Prozesse der Olivenölgewinnung von Gianfranco Comincioli wie bei einem wissenschaftlichen Forschungsprojekt optimiert.

Sortenreines Olivenöl wird hier seit 2001 allein aus dem frischesten Fruchtfleisch reifer, gesunder, bester Oliven gepresst, ohne dass die Oliven in der Mühle mit Sauerstoff in Kontakt geraten. Mittlerweile lassen sich die Kerne restlos und unbeschadet aus dem Fruchtfleisch lösen und die Pressung kann gänzlich sauerstofffrei durchgeführt werden. Auch die Ernteverfahren werden ständig weiterentwickelt. All das führt dazu, dass die Aromen, die Farbe und der Gehalt an den Vitaminen E, D und K sowie an zellschützenden Polyphenolen und Antioxidantien dieses Olivenöls nahezu unvergleichlich sind.

3 Azienda Agricola Comincioli Adresse: Via Roma, 10;
25080 Puegnago del Garda Tel: 0039 0365 651141 Internet: www.comincioli.it
Öffnungszeiten: Täglich 8.30 – 12.30 Uhr und 14.30 – 19.00 Uhr

PIATTO di SALUMI e ZUCCHINE SOTT'OLIO   € 12.00
PIATTO di FORMAGGI   € 12.00
FAGOTTINO di VERZA con CREMA di ZUCCA   € 13.00
CRESPELLE con ZUCCHINE   € 11.00
STRANGOLAPRETI BURRO e SALVIA   € 11.00
MACCHERONCINI con BAROSS e PANCETTA   € 11.00
ZUPPA del GIORNO   € 10.00
COSTATE di MANZO alla GRIGLIA   € 15.00
FEGATO di GIORNO alla GRIGLIA   € 15.00
SECONDO del GIORNO   € 8.00
CONTORNI   € 5.00
DESSERT   € 6.00

OSTERIA DELL'OROLOGIO

Herrlich ungezwungen lässt sich ein Gläschen Wein oder ein Aperitif an der Bar der Osteria dell'Orologio trinken. Die blauen Kacheln, Spiegel und der rote Steinboden erinnern an eine große, von Leben erfüllte spanische Weinbar. Die Designerlampen und Schiefertafeln, auf die mit Kreide die Tagesgerichte geschrieben werden, geben dem Ganzen einen modernen Dreh. In den großen Speisesälen lassen sich wunderbar typisch italienische Vorspeisen, verschiedene Pastagerichte und auch Fleisch- oder Fischgerichte vom Grill essen.

Lebendig und lässig geht es in der Osteria dell'Orologio zu. Für die gediegene Atmosphäre sorgen weiße Rosen auf den Holztischen und stilvolle Bistrostühle. Unzählige Weinflaschen lagern in einem hellen Holzregal locker übereinander geschichtet an der Wand.

Vor allem der Vorraum mit der langgestreckten Bar hat etwas von einer Tapasbar. Alle wichtigen großen Fußballpartien werden hier live übertragen, an den Wänden stehen Pokale, hängen Fotos von bekannten Sportlern, Uhren und Karikaturen von Stammgästen. Im oberen und hinteren Speisesaal ist die Restaurantatmosphäre ausgeprägter – ideal für ein ruhiges Gespräch oder größere Runden.

4 Osteria dell'Orologio Adresse: Via Butturini, 26; 25087 Salò (BS)
Tel: 0039 0365 290158 Internet: www.osteriadellorologio.it
Öffnungszeiten: Donnerstag – Dienstag 12.00 – 14.00 Uhr und 19.00 – 22.00 Uhr

☞ Antica Trattoria alle Rose

Die große Schwester Antica Trattoria alle Rose ist die etwas vornehmere Restaurantvariante der ungezwungeneren Osteria dell'Orologio. Das Essen ist vorzüglich. Forellen, Ukeleien, Hechte und Barsche aus dem Gardasee stehen tagesaktuell auf der Karte, je nachdem, was die Fischer gerade aus dem See geangelt haben. Auch alle Pasta- und Fleischgerichte werden in bester Tradition nur mit frischen Zutaten aus der Region lecker zubereitet. Bei den Weinen stechen die lokalen Winzer aus dem großen Angebot ausschließlich italienischer Weine hervor.

Adresse: Via Gasparo da Salò, 33; 25087 Salò (BS)
Tel: 0039 0365 43220, Internet: www.trattoriaallerose.it
Öffnungszeiten: Donnerstag – Dienstag 12.00 – 14.00 Uhr
und 19.00 – 22.00 Uhr

MERCATO COPERTO DEI FORMAGGI

Die Familie Orioli liebt jedes Stück Käse, das bei ihr in den Vitrinen liegt, und hat den schönsten Käseladen am Gardasee. Mit leuchtenden Augen und großer Begeisterung werden mit den kleinen Käsemessern große Schnitze als Kostproben aus den noch größeren Käselaiben geschnitten.

Ein Highlight ist der über 30 Monate gereifte Parmigiano-Reggiano delle Vacche Rosse. Die Milch der alten, von milchleistungsstärkeren Kühen verdrängten und um ein Haar ausgestorbenen Rinderrasse Vacche Rosse besitzt eine besonders komplexe Geschmackstiefe. Nur etwa 4000 Käselaibe werden im Jahr davon hergestellt; sehr gute, lang gereifte Exemplare davon liegen bei den Oriolis in der Vitrine.

Um den Gorgonzola weiter zu verfeinern, hütet die Familie mit viel Herzblut den Reifungsprozess im eigenen Haus. Und es lohnt sich: Er ist so cremig, dass man ihn mit dem Finger schlecken möchte. Einfach herrlich! Einzigartig ist auch der Bagoss estivo. Er reift mit einer Prise Safran auf 2000 Meter Höhe. Im Mercato Coperto dei Formaggi bekommt man ihn in einer Reife von ein, zwei oder drei Jahren. Je länger er lagert, desto saftiger und frischer schmeckt er.

Der Laden selbst ist ein schlichtes Old-School-Geschäft mit blau-weiß gekacheltem Fußboden, in dem es aber von allem nur das Beste gibt.

5 Mercato Coperto dei Formaggi Adresse: Via Molino, 3; 25085 Gavardo (BS) Tel: 0039 0365 31110 Öffnungszeiten: Montag 8.00 – 12.30 Uhr, Dienstag – Samstag 8.00 – 12.30 Uhr und 15.30 – 19.00 Uhr

RISTORANTE CASINÒ

Die Welt imaginärer Filmkulissen beginnt schon an der Toreinfahrt: Eine riesige Terrasse direkt am See mit weiß lackierten, verschnörkelten Stühlen und Tischen, zart rosafarbenen Tischdecken, dunkelroten Sitzkissen, gelb-weiß gestreiften, vom Sommer verblichenen Markisen. Das Ristorante Casinò gehört zu den Klassikern am Gardasee, ist Teil der alten, etwas abgetakelten Grandezza in bester Lage am Ufer. Die Yachten liegen vor der langgestreckten Terrasse. Die Lage ist sagenhaft. Unwillkürlich werden Sie in die Hauptrollen ebenso un- wie altbekannter Filme schlüpfen, die vor Jahrzehnten vor ähnlichen Kulissen hätten gedreht werden können. Entsprechend hoch ist der Anteil der Stammgäste, für die ein Essen im Casinò so zu einer Reise an den Gardasee gehört wie für andere gegrillte Seeforelle oder ein Sprizz zur Abenddämmerung. Aus einem ehemals heruntergekommenen Bridgeclub haben Susi und Alberto Forneller vor über 30 Jahren diesen Klassiker gemacht, der mittlerweile selbst ein wenig in die Jahre gekommen ist. Für frischen Wind soll die Tochter sorgen, die nun bald ins Geschäft einsteigen und das Restaurant übernehmen wird. Das Essen ist gut. Die Terrasse mit dem grau-weißen Steinboden ist der Knüller, die Innenräume mit dem ausgetretenen Parkett sind unauffällig, aber stilvoll. Auch wenn im Casinò vor allem Fisch gegessen wird, gehört die Kalbsleber nach wie vor zu den Rennern, ebenso wie die Pasta mit Frühlingszwiebeln.

6 Ristorante Casinò Adresse: Via Zanardelli, 166; 25083 Gardone Riviera (BS)
Tel: 0039 0365 20387 Internet: www.ristorantecasino.com
Öffnungszeiten: Dienstag – Sonntag 12.15 – 14.00 Uhr und 19.15 – 22.00 Uhr

Spaghetti ai Cipollotti
Für 2 Personen

Zuerst werden die Frühlingszwiebeln klein geschnitten und in Wasser eingelegt. Nach einer Stunde abtropfen lassen. Das Olivenöl in einer Pfanne erhitzen und den kleingeschnittenen Knoblauch darin kurz anschwitzen. Die Frühlingszwiebeln dazugeben und anbraten.
Die Spaghetti in kochendem Salzwasser al dente kochen.
Sobald die Frühlingszwiebeln glasig sind, die Nudeln dazugeben, einmal gemeinsam in der Pfanne schwenken und mit Salz und Pfeffer nach Geschmack würzen.

500 g Spaghetti Nr. 5
ein Bund Frühlingszwiebeln
etwas Olivenöl
1 Knoblauchzehe
Salz und Pfeffer

GIARDINO FONDAZIONE ANDRÉ HELLER

Skulpturen und exotische Pflanzen entführen die Fantasie im Heller-Garten weit weg von der typischen Landschaft des Gardasees hinein in einen winzigen, verträumten Paradiesgarten. Schlafende Buddhas, speiende Monster, ein Totem von Keith Haring, Skulpturen von Roy Lichtenstein und Joan Mirò stehen wild, überraschend – und doch brav alphabetisch geordnet – zwischen kleinen Bambuswäldchen, riesigen Farnen, Magnolien, Granatapfelbäumen, Edelweiß, Orchideen, verschiedensten exotischen Pflanzen und Miniaturwasserläufen.

Dr. Arthuro Hruska, der Zahnarzt des letzten Zaren, hatte den botanischen Garten ursprünglich anlegen lassen. Als liebenswerter Pflanzennarr brachte er nach ausgiebigen Studien die tropische Pflanzenwelt mit der alpinen zusammen. Der österreichische Arrangeur famoser kommerzieller Großinszenierungen, der Tausendsassa, Impressario, Exzentriker, Chansonnier, Schauspieler, Autor und Aktionskünstler André Heller hat ihn 1988 dann übernommen. Auf verhältnismäßig engem Raum bringt der Giardino Fondazione André Heller asiatische, europäische, afrikanische, südamerikanische und australische Flora in einer Art botanischem Bonsai-Garten mit fast 30 Skulpturen zusammen. Zum Verweilen gibt es wenig Möglichkeit: Die Pfade sind schmal und führen die Besucher in kürzester Zeit von einem Highlight zum nächsten – wie in einem Märchenpark für Botaniker und Kunstbeflissene.

7 Giardino Fondazione André Heller   Adresse: Via Roma, 2; 25083 Gardone Riviera (BS)   Tel: 0039 0336 410877   Internet: www.hellergarden.com
Öffnungszeiten: März – Oktober täglich 9.00 – 19.00 Uhr

☞ Locanda Agli Angeli

An allen Ecken und Enden stehen balinesische Buddhas und tibetanischer Schmuck. Zwei ursprünglich getrennte alte Gardaseehäuser wurden hier verbunden zu einem verwinkelten, andalusisch anmutenden Innenhof. Dadurch gewinnt das ehemalige Bauernhaus ein offenes, internationales Flair. Noch besser wird das Ambiente, wenn man Patrizia Pelligrini gegenübersteht. Sie sieht uritalienisch aus: kurze Haare, temperamentvolle Augen und schwarze Kleidung – wie aus früherer Zeit. Sobald die Locanda schließt, macht sie sich jedoch jeden Winter für zwei, drei Monate nach Bali auf. Die Locanda lebt auch von ihrem Faible für gute Energie.

Die meisten ihrer Gäste kommen erstmals als Backpacker zu ihr und ziehen im Haus gegenüber ein. Ab einem gewissen Alter „graden" sie sich dann in die 2005 eröffnete Locanda Agli Angeli „up", um in den Genuss des Minipools und der etwas komfortableren Zimmer zu kommen. Ein überraschend gutes Restaurant, eine Bar und ein Parkplatz runden das Angebot ab.

Adresse: Via Dosso, 7; 25083 Gardone Riviera (BS)
Tel: 0039 0365 20991
Internet: www.agliangeli.com
Preise: DZ ab 85 Euro inkl. Frühstück

☞ Osteria Antico Brolo

Ein schönes altes Hoftor führt inmitten der Gassen der Oberstadt Gardone Rivieras zum Innenhof der sehr sympathischen Osteria Antico Brolo, hinein in ein verwinkeltes Gebäude aus dem 17. Jahrhundert. Das junge Team geht kreativ mit dem breiten Angebot traditioneller regionaler Gerichte um. Die Spezialität der Osteria sind zwar Fische aus dem Gardasee, die Palette an Antipasti, Primi Piatti und Fleischgerichten reicht jedoch weit und ist sehr gut. Von den Grissini über das Brot bis hin zu Pasta und Dessert ist alles hausgemacht. Bei den Weinen dominieren die Winzer der Region. Weiß eingedeckte Tische locken in den gepflasterten Innenhof, und auch die drei kleinen Räume im Inneren der Osteria sind sehr angenehm gestaltet. Das Antico Brolo liegt übrigens gleich um die Ecke von der Locanda Agli Angeli.

Adresse: Via Carere, 10; 25083 Gardone Riviera (BS)
Tel: 0039 0365 21421
Öffnungszeiten: Dienstag – Sonntag 12.00 – 14.00 Uhr und
19.30 – 22.00 Uhr, Montag geschlossen

TRATTORIA RIOLET

Der frisch geerntete Salat wird noch in Leinensäcken auf dem Rücken zur Trattoria Riolet oberhalb von Gardone Riviera getragen. Das Familienrestaurant ist bekannt für seine einfache, ehrliche, frische Küche. Auch viele Einheimische sitzen auf den weißen Plastikstühlen unter der ausgeblichenen Streifenmarkise bei den Feigen- und Olivenbäumen. Die Kräuter und Salate kommen direkt aus dem Garten, die Pasta ist frisch und wird selbst gemacht. Das Herz der Trattoria jedoch bildet der Grill, über dem an der Wand eine alte Olivenbaumleiter wie eine Riesenschlange hängt, die zu hoffen scheint, dass ein paar der besten Stücke in ihr weit aufgesperrtes Maul wandern. Seit 36 Jahren steht Ernesto hier und grillt verschiedene Fische und auch sehr viel Fleisch – am Sonntag und an Feiertagen auf Vorbestellung sogar einen Spiedo, den Spieß, der für die Region so typisch ist. Alle Gerichte vom Grill sind einfach und gut, die Pasta ist ausgezeichnet, vor allem die gefüllten Ravioli mit Salbei. Ernestos Frau Guisy schmeißt den Laden. Hier oben verlangsamt sich augenblicklich der Lebensrhythmus. Von der Terrasse aus hat man einen schönen Blick auf die Isola di Garda und den See.

8 Trattoria Riolet Adresse: Via Fasano Sopra, 75; 25083 Gardone Riviera (BS)
Tel: 0039 0365 20545 Öffnungszeiten: Donnerstag – Dienstag
12.00 – 14.00 Uhr und 19.00 – 22.00 Uhr, Mittwoch geschlossen

VILLA SOSTAGA

In der früheren Jagdresidenz der Feltrinellis entschleunigt der ehemalige Rennfahrer Gabriele Seresina sein Leben in einem herrlich gediegenen, spleenig-stimmigen Boutique-Hotel. Am Hang, abgeschieden, ruhig, inmitten eines 40 Hektar großen Parks mit traumhaftem Blick auf den See. Der Pool im Garten liegt wunderschön direkt über dem See.

Jedes der knapp 20 Zimmer ist farblich individuell gestaltet und hat trotz des durchgängig alten Mobiliars einen so eigenen Charakter, dass es sich lohnt, vor dem Buchen alle Zimmer auf der Webseite durchzuklicken, um sich je nach eigenem Gusto das passende Ambiente auszusuchen. Die Flure haben schöne dunkelrote Steinböden.

Zum Hotel gehört das Restaurant Villa Sostaga. Pierlorenzo Minini arbeitete jahrelang in verschiedenen Küchen der Welt, bevor er in seine Heimat am Gardasee zurückkehrte und Küchenchef in der Villa Sostaga wurde. Zu der modernen, einfallsreich ehrlichen Küche passt das „Null-Kilometer-Menü", in dem nur frische Zutaten aus der direkten Umgebung verarbeitet werden. Herrlich ist der Blick aus dem zugleich vornehmen wie luftigen Wintergarten auf den See, während es bei Kerzenschein im roten Salon mit den alten Teppichen und dem Fischgrätenparkett urgemütlich ist.

9 Villa Sostaga Adresse: Via Sostaga, 19;
25084 Navazzo di Gargnano (BS) Tel: 0039 0365 791218
Internet: www.hotel-gardasee-villasostaga.de
Preise: DZ ab 130 Euro inkl. Frühstück

Gespräch mit Gabriele Seresina
Geschäftsführer der Villa Sostaga

Als Rennfahrer und Opel-Teamchef reisten Sie jahrzehntelang um die Welt und lebten in Hotels. Spielte diese Erfahrung eine Rolle beim Konzept Ihres Boutique-Hotels?
Irgendwann konnte ich die austauschbaren, anonymen Hotels kaum noch ertragen.

Nach Ihrem schnellen, mobilen Leben dürfte die Leitung des Hotels nun eine Art Kontrastprogramm darstellen?
Ich will keine Ferien mehr, keinen Urlaub, ich will ein Leben, das mir jeden Tag gefällt. Ich liebe meinen neuen Job. Meine Gäste sind gern hier, meine Angestellten sehen zufrieden aus, also bin ich ein glücklicher Mann.

Wie kam es zu der Idee, den Rennstall gegen ein Boutique-Hotel einzutauschen?
2002 schloss ich meinen Laden und sagte zu meiner Frau, ich möchte meine jahrzehntelange Erfahrung in und mit Hotels nutzen und selbst ein Hotel betreiben – und zwar eins mit Herz, Seele und Charakter. Und ich hatte schon immer eine Affinität zur Gastronomie. Meine Mutter kochte für Gabriele d'Annunzio.

Wie kam es zu genau diesem Haus hier?
Wir haben das alte Feltrinelli-Jagdhaus 2004 entdeckt – 20 Jahre stand es leer und war ziemlich heruntergekommen. Dann haben wir es restauriert und im Mai 2005 unser neues Hotel eröffnet. Ich hatte mehrere Häuser und in Containern viele Möbel untergestellt, die hier nun endlich ihren Ort gefunden haben.

Wer war für die stimmige Gestaltung des Hotels verantwortlich?
Meine Frau, sie kommt aus der Mode und hat das Interieur gestaltet.

LIMONAIA LA MALORA

Mit hinreißender Leidenschaft hegt und pflegt Giuseppe Gandossi den letzten Limonaia in Gargnano. Drei Terrassen, „colle", kultiviert er noch. Viele Gerätschaften und Werkzeuge baut er sich originalgetreu nach. Ein Schritt in Gandossis Zitronengarten versetzt Sie in eine langsamere, vorindustrielle Zeit. Als Frostalarm fungiert ein archaisch anmutendes Keramiktöpfchen, das mit Wasser gefüllt an den Zitronenbäumen hängt. Niemand weiß so viele Geschichten über die Zitronengärten wie er. Seit dem 13. Jahrhundert wurden Zitronen am Gardasee angebaut, die Mönche begannen damit in den Gärten des Klosters San Francesco. Früher wurden sie sogar bis an den russischen Zarenhof verkauft. Vom 16. Jahrhundert bis zur Mitte des 19. Jahrhunderts waren bis zu 450 Limonaie gleichzeitig in Betrieb. Wie alte Tempelruinen stehen die Säulen der ehemaligen Gewächshäuser am Hang und prägen das Bild von Gargnano. Giuseppe Gandossi hat seinen Zitronengarten mit alten Holzläden und Glasrahmen wieder aufgebaut. Zweimal im Jahr muss er die Verkleidung des Gewächshauses mühsam auf- und wieder abbauen, um seine Bäume vor dem Winter zu schützen. Ein Wasserrad und der Malora-Bach tragen zu der anrührend verträumten Atmosphäre bei. Unbedingt seinen Zitronenlikör probieren! Er ist großartig, der Beste überhaupt. Auch seine leckeren Kapern, die wild an den Mauern des Zitronengartens wachsen, können Sie nach der Führung bei ihm kaufen.

---

10 Limonaia la Malora   Adresse: Via Libertá, 2; 25084 Gargnano (BS)
Tel: 0039 0365 71840 (Zuhause) oder
0039 0365 71543 (in seinem Geschäft in der Via Roma, 2)

HOTEL VILLA GIULIA

Nachts auf der Terrasse am See zwischen Fackeln und Palmen in den dunklen Korbsesseln zu sitzen, einen Sprizz zu trinken oder eine Zigarre zu rauchen und dabei dem Rauschen des Sees zu lauschen – das ist himmlisch in der Villa Giulia. Allein der Blick von dort auf den Monte Baldo und den See ist die Reise wert. Sobald der Wagen auf dem knisternden Kies der Einfahrt vorfährt, kommen Urlaubsgefühle auf. Die alten roten Teppiche auf dem Flur zur Rezeption und die antiken Möbel verleihen der Villa eine zeitlose Eleganz. Beeindruckend ist vor allem der Garten mit den Rosen, Palmen, dem prächtigen Magnolienbaum mit den champagnerfarbenen Blüten und dem Pool, der im Licht der Dämmerung am schönsten ist. Unter den Dachbalken in den oberen Zimmern der Villa verdichtet sich das sanfte Rauschen des Sees zu einer Art Brandung, so laut, als spiele der Gardasee für eine Nacht Meer. Schon Vergil war beeindruckt davon gewesen, wie dieser Alpensee aufbrausen kann „mit seinen tosenden Fluten". Hier können Sie es erleben. Die Villa, das Chalet und der Turm haben einen sehr unterschiedlichen Stil, daher ist es zu empfehlen, sich vorher auf der Webseite durch die „Camere" zu klicken. Neben dem Pool bietet die Villa Giulia im Garten eine Sauna und ein türkisches Bad. Und an der Rezeption bekommen Sie jede Menge Tipps für Aktivitäten und Ausflüge.

11 Hotel Villa Giulia Adresse: Viale Rimembranza, 20;
25084 Gargnano sul Garda (BS) Tel: 0039 0365 71022
Internet: www.villagiulia.it Preise: DZ ab 226 Euro inkl. Frühstück

☞ Caseificio Artigianale

Einen tollen Alimentari, die Caseificio Artigianale, betreiben wahre Käse-
fanatiker in Gargnano. Auf den ersten Blick ist das ein urtypischer, kleiner
italienischer Laden. Dabei kommt der vorzügliche Käse aus der eigenen Kä-
serei: Formaggi di Produzione propria. Die Käse der Region sind überaus lecker und in allen erdenklichen Reifegraden zu haben. An einem fantastischen
Gorgonzola basteln die Inhaber, die Bignottis, übrigens schon seit Jahren – er
kommt bestimmt! Auch der Schinken und die Salami sind sehr zu empfehlen.

Adresse: Via Roma, 13; 25084 Gargnano sul Garda (BS)
Tel: 0039 0365 71220
Internet: www.bignotti-gargnano.it
Öffnungszeiten: Täglich 8.00 – 19.00 Uhr

☞ Bar Valentino

Wundervoller Geheimtipp an der Mole in dem romantischen, kleinen Hafen von Gargnano im Ortsteil Villa – zwischen niedrigen Orangenbäumchen und schaukelnden Booten. Plastiktische mit leuchtend orangefarbenen Tischdecken und weiße Plastikstühle stehen unter grünen oder quietschbunten Sonnenschirmen. Die Küche ist simpel: Spaghetti Carbonara, Pasta Aglio e Olio oder Salat.
Ein kultiger, herrlicher Laden, um entspannt am See zu sitzen und einen Aperitif oder Kaffee zu trinken. Ach ja, Badehose oder Bikini nicht vergessen: In der Mole kann man schwimmen gehen.

Adresse: Piazza Villa, 1/2; Località Villa, 25086 Gargnano (BS)
Tel: 0039 0365 719851

DER BERGIGE NORDEN

Das blaue Wasser mit den schroffen Felsen und Bergen ist am schmalen Nordufer spektakulär. Die Alpen sind noch da, und der Gardasee öffnet bereits eine Schneise zum Mediterranen. Tolle Weine wachsen hier wie der Moscato von Madonna delle Vittorie, und köstliche Fleischgerichte werden im Norden gezaubert wie das Carne Salada.

Wunderschön sind auch der Ledro-See mit dem Pfahlbautenmuseum sowie der Idro und der Valvestino – die kleinen alpinen Geschwister des Gardasees. Dichter und Denker hielten sich im bergigen Norden auf: Thomas Mann, Kafka, Nietzsche und Kollegen kamen in das österreichisch geprägte Städtchen Riva. Künstler lockt das Nordufer noch immer an – etwa in Canale mit der Casa degli Artisti. Mittlerweile aber zieht der Gardasee im Norden vor allem Kletterer und Surfer an. Nago hat sich zu einem wahren Kletterparadies entwickelt und die Extremkletterer lieben Arco. Torbone hingegen verwandelt sich in der Hochsaison in ein Mekka der Surfer. Die vielen Winde sausen aus allen Himmelsrichtungen über den See und machen das Nordufer für Wassersportler unheimlich attraktiv. Pünktlich am Mittag frischt die Ora auf, der berühmte Südwind an der Nordseite, dann kräuselt sich der See.

An anderer Stelle donnern Wasserfälle aus den Bergen herab wie die Cascata Varone, die Thomas Mann in seinem „Zauberberg" verewigt hat. Und zwischen all den schroffen Felsen und dem lieblichen Gardasee erheben sich imposante Burgen. Auf keinen Fall sollten Sie aber über all dem Naturspektakel eine Gaumenfreude verpassen: das Eisparadies in Mori, die Gelateria Bologna.

TRATTORIA PIÈ DI CASTELLO

Die Könige des Carne Salada residieren in Cologna di Tenno. Bereits in der dritten Generation lockt die Familie Benini ihre Fleischfans mit der Spezialität Carne Salada und deftigem Essen in den rustikalen alten Hof aus dem 17. Jahrhundert. Zur Vorspeise gibt es Wurstplatten, hausgemachte Schinken, leckere grobe Salami und sehr aromatischen Speck. Benini kauft das Fleisch bei ausgesuchten Bauernhöfen und stellt dann alles selbst her. Ein Highlight ist Lardo, den Giorgio Benini einen Monat lang im Haus einlegt: leckerer, zarter, geschmacksexplosiver Speck, serviert auf einer dünnen Scheibe Brot. Dazu gibt es eingelegtes Gemüse. Die Fleischgerichte sind ausgezeichnet. Ein Must-have in der Trattoria Piè di Castello sind die drei Arten Carne Salada: cruda, affumicata und cotta. Eine traditionelle Variante des hipperen Carpaccios vom Gardasee: rohes Carne Salada, hauchdünn geschnitten. Das geräucherte Carne Salada ähnelt einem Schinken, zergeht auf der Zunge und entwickelt ein reiches Kräuteraroma. Oder es wird mit Bohnen gekocht: Carne Salada cotta con Faggioli. Als Nachtisch noch einen armen Gardaseeritter und die Gaumenfreuden sind perfekt: ein Brotpudding mit Eiern, Äpfeln, Milch, Zucker und Salz, das Dolce de Nonna Lisa.

12 Trattoria Piè di Castello Adresse: Via al Cingol Ros, 38; 38060 Cologna di Tenno (TN) Tel: 0039 0464 521065 Internet: www.piedicastello.it
Öffnungszeiten: Mittwoch – Montag 12.00 – 14.30 Uhr und 18.45 – 22.00 Uhr

☞ Carne Salada

Bis ins Mittelalter reicht das Rezept dieser Gardasee-Spezialität zurück. Carne Salada eignete sich besonders gut dazu, Fleisch lange zu konservieren. In dem Gebiet zwischen Arco, Tenno und Varone ist Carne Salada der kulinarische Kick schlechthin. Besonders berühmt ist die Trattoria Piè di Castello für das marinierte Fleisch.

Gut abgehangene Rinderkeulen, Lendenstücke oder auch Stücke aus der Rindernuss werden mit Salz und Zucker eingerieben und auf eine Lage aus Salz, Thymian, Majoran, Lorbeer, Rosmarin, Wacholderbeeren, Knoblauch und Zimt in ein genau passendes Gefäß gelegt. Danach wird das Fleisch noch einmal mit den gleichen Gewürzen bestreut und mit einem halben Liter trockenem Rotwein begossen. Ein schweres Holzbrett schließt das Gefäß ab und presst das Fleisch. Alles lagert dann 30 bis 40 Tage an einem dunklen, kühlen Ort.

Ist die Prozedur abgeschlossen kann Carne Salada entweder roh als eine Art Carpaccio, geräuchert wie ein Schinken oder gekocht gegessen werden.

RISTORANTE PIZZERIA LEON D'ORO

Ein paar Schritte vom Hafen entfernt, in der Altstadt von Riva del Garda, hängt in einem schmalen Gässchen an der altroséfarbenen Hauswand der Via Fiume unter den pastellgrünen Schlagläden der geflügelte goldene Löwe des Ristorante Pizzeria Leon d'Oro. Traditionell wie die Löwengestalt sind auch die lichten, holzgetäfelten Speisesäle mit dem weißen Deckengewölbe. Seit 1922 herrscht hier zu den Essenszeiten ein munteres Stimmengewirr. Seit 1939 ist das Restaurant im Besitz der Familie Salvaneschi, die es 2001 renovierte.

Die stilvolle Einrichtung der großen Speisehallen mit weiß gedeckten Holztischen, auf denen Kerzen stehen, dunklen Holzstühlen, Dielen- und Marmorböden ist viel unprätentiöser als die mit künstlerischem Anspruch angerichtete vielseitige und erfrischend leichte Küche.

Einfach, schlicht und gut ist die Pizza ab sechs Euro. Raffinierter ist das Risotto mit schwarzen Trüffeln der Norcia, die nach frischer Limone schmecken. Paolo Adamo, der Koch aus Apulien, bereitet auch Fisch und Fleisch sehr gut zu. Abgerundet werden die kulinarischen Kunstwerke von 125 Weinsorten, die im Keller lagern. Der Fokus liegt auf Weinen aus der Region, dem Trentino, aber auch aus Südtirol. Ein wunderbarer Ort, um in großen Runden oder auch ungestört zu zweit zu essen.

13 Ristorante Pizzeria Leon d'Oro Adresse: Via Fiume, 28; 38066 Riva del Garda (TN) Tel: 0039 0464 552341 Internet: www.leondororiva.it
Öffnungszeiten: Täglich 12.00 – 15.30 Uhr und 17.00 – 23.00 Uhr, Mitte November bis Mitte März geschlossen

☞ Appartamenti Leon d'Oro

Nur ein Bastkörbchen fehlt noch, um es an einer Schnur aus den Fenstern der schönen Apartments ins Restaurant hinunterzulassen und sich die leckeren Gerichte aus der Küche des Leon d'Oro direkt in seine Ferienwohnung zu holen. Sonst fehlt nichts mehr zur Rundumversorgung. Bettwäsche, Handtücher, Endreinigung – alles ist im Preis enthalten, und die Übernachtungsgäste bekommen im Restaurant einen Preisnachlass von zehn Prozent.

Die sieben Wohnungen liegen sehr zentral zwischen Hafen und Stadtmauer mitten in der Altstadt von Riva. Herrlich, auf dem Balkon zu sitzen und sich das Treiben in der Altstadt anzusehen. Die Wohnungen sind unterschiedlich groß, für zwei bis sechs Personen, und auch individuell mit einer Mischung aus antiken Einzelstücken und modernen Möbeln sowie begehbaren Kleiderschränken ausgestattet.

Wer nicht mehr vor die Tür möchte und genug von den Leckereien unten im Restaurant hat, kann sich in den komplett eingerichteten Küchen selbst im Zubereiten der italienischen Klassiker versuchen.

Der Gardasee liegt nicht einmal 100 Meter entfernt. Aus dem alten Haus in der schmalen Gasse hat man über die roten Schindeldächer hinweg sehr schöne Blicke auf den See und die Berge.

Adresse: Via dei Fabbri, 29; 38066 Riva del Garda (TN)
Tel: 0039 0464 557631
Internet: www.leondororiva.it
Preise: Ferienwohnung für 2 Personen ab 88 Euro pro Tag

GELATERIA PASTICCERIA BOLOGNA

Ein Eisdielenbesitzer, der pausenlos das eigene Eis naschen mag? Den gibt es nur in Mori in der Gelateria Bologna, etwas nordöstlich vom Gardasee. So ein Eis hat die Welt auch selten gesehen. Für Eisfans ein Muss. Das Pistazieneis schmeckt wie leckerste geröstete Pistazien! Osvaldo Castellari entwickelt nicht nur die Eisrezepturen, sondern röstet beispielsweise auch die Pistazien selbst, damit ja nichts schief geht. Voller Leidenschaft erzählt er von seinem Eis, holt sich mit den bunten kleinen Plastiklöffelchen immer wieder eine Kostprobe aus den Töpfen oder lässt seine Gäste probieren.

Dieses Eis zergeht auf der Zunge, die Konsistenz ist unschlagbar, es schmeckt intensiv, frisch, aromatisch, zart, rund, spritzig! Neben dem Pistazieneis waren Mille Foglie, Fior di Latte und Fragola unsere Favoriten.

Begonnen hat die Eistradition der Familie vor über 40 Jahren, sein Vater verkaufte Eistüten im Kino Astra. Mittlerweile ist die Gelateria in eine noble Villa aus den Zwanzigerjahren eingezogen. Im Sommer ist auf der großzügigen Terrasse die Hölle los.

Für ein Eis auf die Hand oder auch die Spezialität des Hauses, den Eisbecher Velo, lohnt sich unbedingt ein kurzer Abstecher von der Autobahn auf dem Weg in den Süden!

14 Gelateria Pasticceria Bologna Adresse: Via Garibaldi, 14; 38065 Mori (TN)
Tel: 0039 0464 918475 Internet: www.gelateriabologna.it
Öffnungszeiten: Freitag – Mittwoch 6.00 – 20.00 Uhr,
im Sommer bis 24.00 Uhr

MADONNA DELLE VITTORIE

Wer nach Jahren auf einer wilden Insel endlich von einer Meerjungfrau gerettet wird und drei Wünsche am Gardasee frei hat, dürfte sicher an ein Gläschen Moscato vom Weingut Madonna delle Vittorie denken. Einen fruchtigeren, spritzigeren, runderen sortenreinen Moscato finden Sie nirgendwo. Die himmlischen Mächte bedanken sich offenbar auf ihre Weise dafür, dass die kleine, nahegelegene Kapelle aus dem 16. Jahrhundert dem Weingut seinen Namen gegeben hat. Madonna delle Vittorie hat sehr gute Lagen und seine Besitzer haben viel Erfahrung mit den jeweiligen Reben, Böden und den für den nördlichen Gardasee typischen Winden.

Berühmt und ausgezeichnet sind auch die Olivenöle. Das reine Fruchtfleisch wird ohne Kerne schonend gepresst. Farbe und Geschmack sind eine einzige Freude.

Sie können das Weingut, die Ölmühle und auch die Brennerei mit Weinproben und Verkostungen auf einer neunzigminütigen Tour besuchen – neben unserem Favoriten, dem Moscato, werden Sie auch sehr gute Rot- und Weißweine kennenlernen sowie die ausgezeichneten Olivenöle und Grappe.

15 Madonna delle Vittorie Adresse: Via Linfano, 81; 38062 Arco (TN)
Tel: 0039 0464 505432 Internet: www.madonnadellevittorie.it
Öffnungszeiten: Montag – Samstag 8.30 – 12.30 Uhr und 15.00 – 19.00 Uhr

☞ Tour zu Casimiro Grappa

Polis Grappa ist einer der besten überhaupt! Nahezu 20 verschiedene Grappa-
Sorten können Sie bei Casimiro im Valle dei Laghi am Lago di Santa Massenza
kosten. Bernardino Poli, der Meisterdestillateur, führt die Grappaverkostungen
selbst durch.
Allein acht sortenreine Grappe brennen die Polis aus Reben wie Schiava, Char-
donnay, Moscato, Müller-Thurgau, Lagrein, Marzemino, Teroldego und Nosi-
ola. Dazu kommen im Holzfass gereifte Grappe, Kräuter-Grappe, Grappe aus
mehreren Rebsorten, Raritäten und ausgewählte Grappe.
Nach der Weinlese werden die besten Trester mit Hilfe eines schonend erhit-
zenden Wasserbades destilliert. Die Distilleria Casimiro wird von der Familie
Poli geführt, seit Casimiro Poli die Brennerei und das Weingut 1924 gründete.
Die Brennerei und das Weingut können nach telefonischer Absprache besichtigt werden. Ein Ausflug ins Valle dei Laghi lohnt sich sowieso: schon allein
wegen der vielen herrlichen Seen und Bergpanoramen.

Azienda Agricola Distilleria Casimiro
Adresse: Frazione Santa Massenza, 43; 38070 Vezzano (TN)
Tel: 0039 0461 864140
Internet: www.casimiro.it

PARCO GROTTA CASCATA VARONE

„Ganz hinten in der engen, tiefen Schlucht aus nackten Felsen, glitschig wie große, dicke Fischbäuche, stürzte die Wassermasse mit ohrenbetäubendem Lärm hinunter", schrieb Thomas Mann 1901 über den Varone-Wasserfall in sein Notizbuch. Das Erlebnis in der Schlucht mit dem Wasserfall nördlich von Riva ist sogar in seinen Roman „Der Zauberberg" in Form des Wasserfalls im Fluelatal eingeflossen.

Aus dem klaren Tennosee entspringt der Sturzbach Magnone, der in den Berg hinabstürzt und dann als Varone-Wasserfall wieder zum Vorschein kommt. Die gesamte von dem Vittoriale-Architekten Giancarlo Maroni gebaute Anlage Parco Grotta Cascata Varone ist beispielhaft für Segen und Fluch der Zivilisation: Das beeindruckende Naturereignis des sprühenden, spritzenden und donnernden Wasserfalls wird in der Schlucht mittlerweile mit Scheinwerfern und Wegen, Schildern und Souvenirshops inszeniert – und Teile des Wasserfalls speisen zudem ein kleines Kraftwerk.

Trotzdem ist es herrlich, die Stufen zwischen den rutschigen Felsen aus Millionen Jahre altem Jurakalk hinaufzusteigen, sich immer wieder in die sprühende Gischt zu stellen, nach oben zu schauen und sich von den donnernden Wassermassen und den bizarren Felsformationen beeindrucken zu lassen. Auch Forellen leben wild und zugleich geschützt hier, ebenso wie viele Farne und seltene Wasser- und Bergpflanzen.

---

16 Parco Grotta Cascata Varone Adresse: Via Cascata, 12; 38060 Tenno (TN)
Tel: 0039 0464 521421 Internet: www.cascata-varone.com
Öffnungszeiten: Täglich 9.00 – 19.00 Uhr (Sommer), 10.00 – 17.00 Uhr (Winter)

DAS LIEBLICHE OSTUFER

Der Monte Baldo mit seiner bis in den späten Frühling hinein schneeweißen Haube thront über dem häufig puppenstubig niedlichen Ostufer. Von oben ist der Blick auf den leuchtenden See und die schroffen Berge herrlich. Kinderleicht surrt es sich in Malcesine mit der Gondel in die Höhe, und von der Bergstation sind es nur noch wenige Schritte bis zur Ruhe der Berge.

Zwischen Torri del Benaco und Torbole ist das Ostufer besonders schön. Malcesine gehört zu den charmantesten Orten am Ostufer. Seit Goethe den Bewohnern mit dem Zeichnen der Burgruine kurzfristig unheimlich wurde, ist viel Zeit vergangen – mittlerweile ist sie zum Museum ausgebaut. Die ehemalige Grenzstadt hat sich trotz allem Tourismus ihren Zauber bewahrt. Übertroffen wird sie darin vielleicht nur von Torri del Benaco, der Stadt mit den mittelalterlichen Gassen zwischen dem Schloss der Scaliger und der eleganten Pfarrkirche. Der schroffe, bergige Norden mit seinem klaren Licht trifft hier auf den mediterranen, changierenden Süden. An der Schnittstelle liegt eine der schönsten Landschaften des Gardasees: die Punta San Vigilio mit dem kleinen Hotel und dem Restaurant in den zwei Gesindehäusern sowie dem Herrenhaus und dem winzigen Hafen.

Südlicher, zwischen Garda und Lazise, ist das Ostufer noch touristischer, werden die Straßen voller, sind die Siedlungen dichter. Gleichwohl ist Gardas Seepromenade mit der schönen Mole nicht ohne Reiz. Bardolino hat den Hafen und vor allem auch die Weinberge mit sehr guten Winzern im Hinterland. Lazise gehört architektonisch zu den schönsten Orten am Ostufer.

HOTEL LA VITTORIA

Komfortabel am Hafen von Garda liegt das Old-School-Hotel La Vittoria. Die Villa mit den markanten Schlagläden ist relativ klein, kastenförmig, wirkt sehr aufgeräumt und besitzt eine unaufdringliche Eleganz. Sie liegt am äußeren Rand des touristischen Teils von Garda, sodass Sie abends sehr schön etwas abseits vom großen Trubel in den Korbsofas an der Strandpromenade zwischen Palmen und Platanen sitzen und einen Aperitif trinken können.

Die Zimmer sind angenehm groß. Zu empfehlen sind die mit Seeblick – zum Teil bieten sie einen herrlichen Blick auf den Hafen. Auf der anderen Seite schauen Sie zwar schön in die Hügel, schlafen aber auch an der Straße. Dafür liegt der Parkplatz am Hafen direkt vor der Haustür.

Die Großmutter hat das Hotel gegründet, seitdem kommen vor allem Stammgäste hierher, darunter auch sehr viele Reisende aus Deutschland. Nicht nur das Hotel ist von Familientradition geprägt, sondern auch das Restaurant. So manches Fischgericht wird nach alten Familienrezepten zubereitet.

17 Hotel La Vittoria   Adresse: Via Lungolago Regina Adelaide, 57; 37016 Garda (VR)   Tel: 0039 045 6270473   Internet: www.hotellavittoria.it Preise: DZ ab 65 Euro inkl. Frühstück

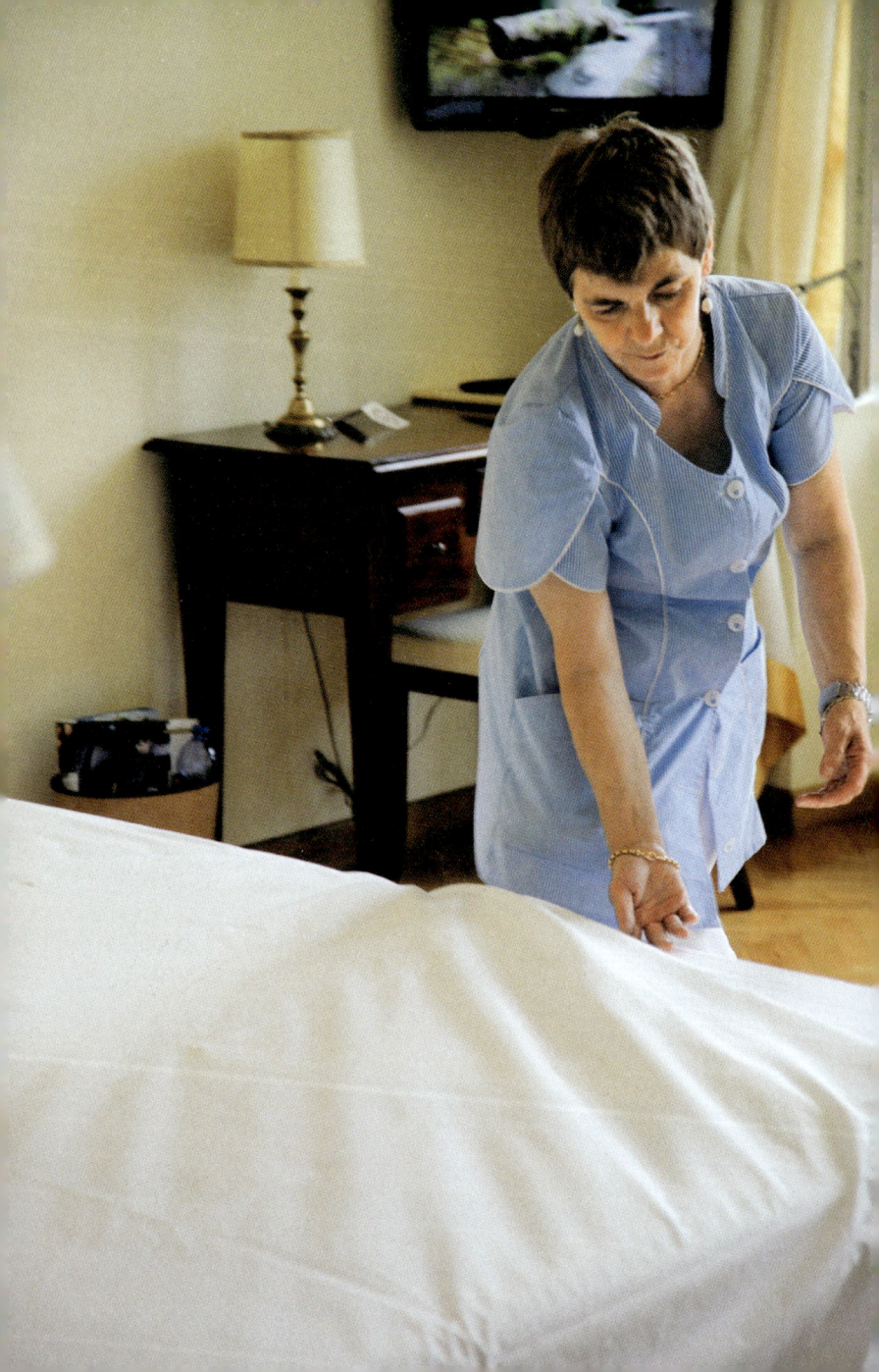

☞ Hotel Ristorante alla Grotta

Die Speisekarte ist offenbar nur für Touristen gemacht, denn obwohl das Ristorante alla Grotta groß und meist voll besetzt ist, fragen alle Stammgäste direkt am Tisch, was heute am besten und frischesten ist. Das Meiste davon steht nämlich nicht in der Karte. Im Grotta gibt es vor allem Meeresfrüchte und Meeresfische. Gerade die jüngere Generation verknüpft mit Garnelen und Meeresfischen einen Aufbruch. Gardaseefische hingegen gelten für sie als spießig, als eine Sache der Eltern und Großeltern.

Die Atmosphäre ist lebendig, jung, modern und unkompliziert. Im hinteren Raum sitzt man noch ein bisschen weiter entfernt vom Touristentrubel draußen.

Adresse: Via Francesco Fontana, 5; 37017 Lazise (VR)
Tel: 0039 045 7580035
Internet: www.allagrotta.it
Öffnungszeiten: Mittwoch – Montag 12.00 – 14.00 Uhr und
19.00 – 22.00 Uhr, Dienstag geschlossen
Am besten vorher anrufen. Das Restaurant ist zwischendurch
immer mal für eine Woche zu.

OSTERIA AL PESCATORE

Vor der Tür schaukeln Boote, Segelmasten wiegen sich, hier und da knattert ein kleines Boot vorbei. Livio Parisi strahlt beim Einschenken des ersten Aperitifs an der Bar genau diese Ruhe aus. Wer würde ahnen, mit welchem Feuer er zum Mikrofon greifen kann, um seine Gäste wie ein Karaokemeister zu unterhalten. An den lasierten, orangefarbenen Wänden hängen Kinderbilder, Fotos, Medaillen, Flaschenöffner und – sagen wir italientypische – Bilder. Das alles trug weniger dazu bei, die Osteria al Pescatore berühmt zu machen, als das gute Essen und ihr Wirt: Livio ist ein besonders liebenswerter, leidenschaftlicher Gardaseefischexperte mit Bärtchen, Schlips, Hosenträgern und weißem Hemd, in dem eine versteckte Begabung zum Showmaster und Dirigenten schlummert. Eine Speisekarte gibt es in der Osteria nicht – wer weiß im Voraus schon, was die Fischer fangen werden? Also bietet Livio jeden Tag ein Überraschungsmenü mit frischestem Fisch aus dem See an. Nirgends gebe er so gern 50 Euro für ein Menü aus, sagt ein Gast im Gehen, die Osteria al Pescatore sei für ihn eines der besten Restaurants am Gardasee. Herumgesprochen hat sich das bereits bis zum ehemaligen Bundespräsidenten Horst Köhler, der hier auch schon zu Gast war. Zwischen den Gängen kann man in Livio Parisis Kochbuch blättern und viel über Gerichte mit frischen Fischen aus dem Gardasee lernen: „Il Garda in pentola. La cucina del pesce di largo.“

---

18 Osteria al Pescatore Adresse: Via Imbarcadero, 31; 37010 Castelletto di Brenzone (VR) Tel: 0039 045 7430702 Internet: www.osteriaalpescatore.it
Öffnungszeiten: Dienstag – Sonntag 19.00 – 22.00 Uhr, Montag geschlossen (im Winter auch Dienstag geschlossen)

Bigole al Pescatore

Für 2 Personen

Die in Stücke geschnittenen Sardinen scharf anbraten, mit dem Weißwein ablöschen und kurz köcheln lassen.

Die Hälfte der Pinienkerne im Ofen rösten, bis sie duften. Die andere Hälfte ungeröstet lassen und zusammen mit den gewaschenen und ausgedrückten Kapern zu den Sardinen geben. Die Rosinen hinzugeben und ein paar Minuten weich werden lassen.

Die Nudeln kochen, abgießen und in der Pfanne mit dem Sardinen-Sugo schwenken.

Fein zerhackte Petersilie darüber streuen, mit dem Olivenöl abrunden und mit etwas Pfeffer abschmecken.

Livio Parisis Weintipp: ein Moscato von Madonna delle Vittorie

500 g Bigolinudeln
6 in Salz eingelegte Sardinenfilets
200 ml trockener Weißwein
8-10 in Salz eingelegte Kapern
20 g Rosinen
50 g Pinienkerne
etwas Olivenöl
frische Petersilie
etwas Pfeffer

☛ Taverna del Capitano

Urig einfach ist das Fischerambiente in der Taverna del Capitano. An der Spitze einer kleinen Landzunge wird sie vom Wasser umrundet, die kleinen Boote
schaukeln direkt neben dem Lokal und der Blick auf den See und die Berge ist
einfach herrlich! Bei rauem Wetter prasselt der Regen auf die Dachplane. Die
Gerichte sind sehr einfach, einige Rezepte stammen sogar noch von der Oma.

Adresse: Via Lungolago, 8; Porto di Brenzone, 37010 Brenzone (VR)
Tel: 0039 045 7420101
Öffnungszeiten: Juli und August täglich, sonst Mittwoch – Montag
12.15 – 14.15 Uhr und 19.00 – 21.30 Uhr, Dienstag geschlossen

TORRI DEL BENACO

Durch die schmalen Gassen mit vielen Cafés, Eisdielen und kleinen Geschäften zu schlendern, am tropfenförmigen Hafen vorbei und zwischen Kirche und Festung hin und her, ist in Torri del Benaco ein Vergnügen. Das malerische Städtchen ist zwar touristisch nicht unbefleckt, hat sich aber eine schöne Stimmung erhalten.

Jeden Montag ist Wochenmarkt. Am Seeufer entlang reiht sich dann Marktstand an Marktstand. Trophäensammler und Schnäppchenjäger kommen hier voll auf ihre Kosten: Sommerkleidchen und Badehosen, Thomas-Mann-Strohhüte und Tod's Schuhe zu günstigen Preisen, Espressomaschinen und Töpferwaren, köstliche Fritti Misti („gemischtes Frittiertes"), Fisch, Käse und Wurst.

An den anderen Tagen ist das Vergnügen, bei einer Tasse Cappuccino oder einem Aperitif im Hotel Gardesana auf der Terrasse unter dem Kreuzgewölbe zu sitzen vielleicht noch größer, denn dann ist der Blick auf die Zinnen der Festung, die munter schaukelnden kleinen Boote, den Gardasee, den schönen Hafen und die Platanen unverstellt.

19 Hotel Ristorante Gardesana Adresse: Piazza Calderini, 20; 37010 Torri del Benaco (VR) Tel: 0039 045 7225411 Internet: www.gardesana.eu Öffnungszeiten: Täglich 8.30 – 24.00 Uhr

TAVERNA KUS

Um jede Zutat in ihrem besten Moment zu verarbeiten, wechselt in der Taverna Kus monatlich das Menü. Die Speisekarte dreht sich im April um Spargelgerichte, um sommerliches Gartengemüse im Juli und um Kastanien und Kürbis im November. Giancarlo Zanolli hält die Taverna damit voll im Trend: frischeste Zutaten aus der Region und traditionelle Gerichte. Eingerahmt von der Kulisse des Monte Baldo liegt die Taverna Kus hoch über dem Gardasee am Hang. Von großen Kandelabern bis zu weißen Designerlampen ins rechte Licht gesetzt wird das rustikale Interieur von vielen kleinen Details gebrochen. Alte Bilder und Spiegel hängen an unverputzten Steinwänden. In den roten, gelben und grünen Zimmern stehen Tische in allen Größen – sogar eine riesige Tafel für 24 Personen. Was einem Dom die Sakristei ist der Taverna Kus die Giasàra. Bis zu 250 verschiedene Weinsorten aus nahegelegenen Anbaugebieten lagern in der Giasàra, in der früher Schnee und Eis zum Kühlen in den Sommer hinübergerettet wurden. Der Winterspeicher der Taverna ist einer der letzten dieser Art am Monte Baldo. Es lohnt sich also doppelt, einen Blick in den Weinkeller zu werfen. Herrlich ist es auch auf der Terrasse unter den Olivenbäumen oder im Garten. Der Blick auf den See ist wundervoll. Ein rostiges Fahrrad lehnt an der Wand des Feldsteinhauses, ein Globus steht auf einem Weinfass und sonst zwitschern nur noch Vögel, die sich, angelockt von den Blumenwiesen, rund um die Taverna tummeln.

20 Taverna Kus   Adresse: Località Castello, 14; 37010 San Zeno di Montagna (VR)
Tel: 0039 045 7285667   Internet: www.tavernakus.it
Öffnungszeiten: Täglich 12.00 – 14.00 Uhr und 19.00 – 22.00 Uhr

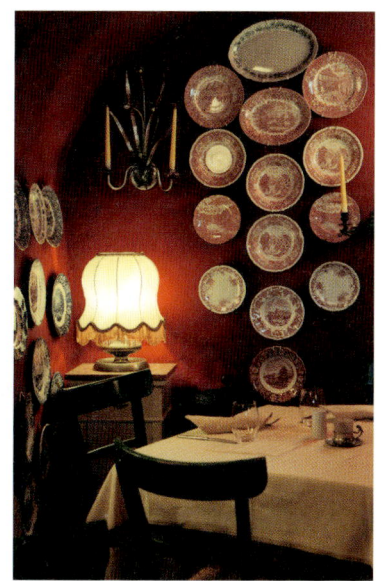

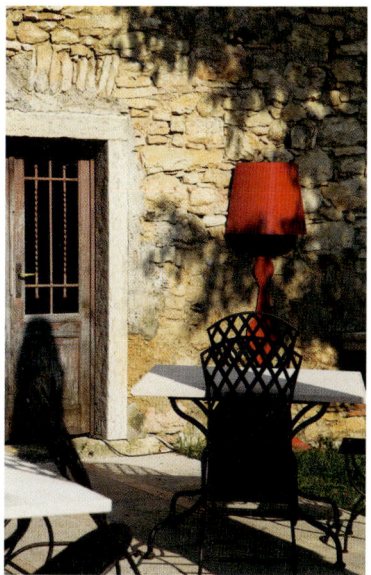

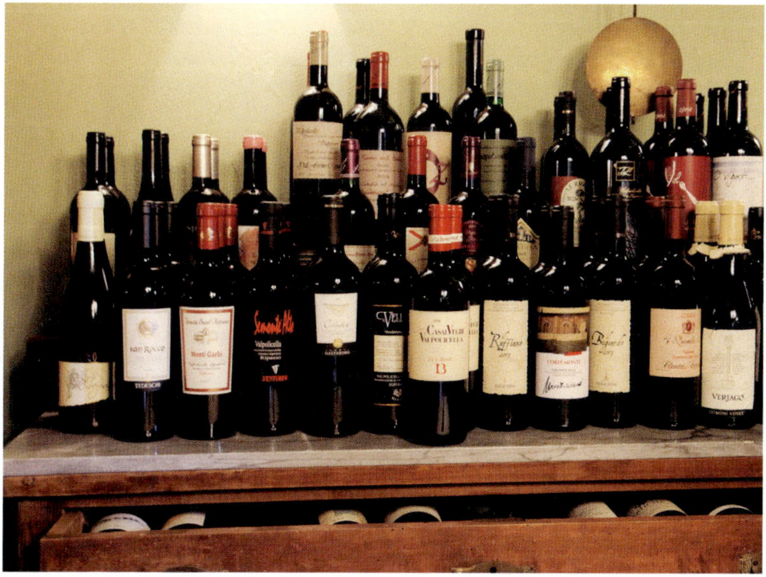
San Rocco
TEDESCHI
Monti Garbi
Valpolicella
CASAVEGRI VALPOLICELLA
VERJAGO
DOMINI VENETI

FUNIVIA MALCESINE – MONTE BALDO

Als letzte Bastion der Alpen am Gardasee grüßt der Monte Baldo häufig bis in den Mai hinein mit einer weißen Schneehaube – und lohnt sich für kurze wie lange Ausflüge. Bei schönem Licht lassen sich herrliche Fotos vom Gardasee schießen. Ist das Ufer unten überlaufen, entführt Sie die Seilbahn in die Ruhe der Berge. Von der Mittelstation San Michele bis hoch zur Bergstation auf 1760 Metern Höhe lieben vor allem Kinder die Panoramagondel. „Garten Europas" nennen die Einheimischen den Monte Baldo wegen seiner Vegetationsvielfalt. Selbst Edelweiß und über 60 verschiedene Orchideenarten wachsen hier. Die Wanderwege sind sehr gut ausgeschildert. Direkt an der Bergstation können Sie in der Locanda Baita dei Forti einkehren. Mehr Hüttenflair und einen großen Biergarten hat das Restaurant La Capannina, das sehr leicht in wenigen Minuten zu erreichen ist. Von dort aus gelangt man in einer Viertelstunde über die Colma di Malcesine zum nördlichen Aussichtspunkt: Der Blick auf Riva del Garda, Torbole und den Monte Brione ist umwerfend. Ohne Seilbahn lassen sich zwei- oder dreitägige Traumtouren auf der Alta Via del Monte Baldo mit Übernachtungen im Rifugio Damiano Chiesa und dem Rifugio Telegrafo (Achtung: Reservierungen erforderlich!) und Zwischenstopps im Bocca di Navene unternehmen. Von Nago aus geht es über den Gipfel des Altissimo di Nago zum Monte Baldo, der Cima Valdritta und dem Monte Telegrafo bis hinunter nach Torri del Benaco.

21 Funivia Malcesine – Monte Baldo Adresse: Via Navene Vecchia, 12; 37018 Malcesine (VR) Tel: 0039 045 7400206 Internet: www.funiviedelbaldo.it
Im Sommer Abfahrt jede halbe Stunde

DER TOURISTISCHE SÜDEN

Flach und breit ist der Gardasee am Südufer. Die schroffe Kulisse des Nordens ist kaum noch spürbar. Das Licht ist diffuser, irisierender – nicht so klar und transparent wie im Norden. Das Ufer ist dicht besiedelt, die Straßen sind voll. Hier ist eindeutig am meisten los. Die größte Stadt, Desenzano, liegt am Südufer, auch die meisten Apartmentsiedlungen sowie die Vergnügungsparks. Hat man es in der urbansten Stadt am Gardasee erst einmal ins alte Zentrum geschafft, ist es ein Vergnügen, durch die vielen Läden und Restaurants in Desenzano zu ziehen. Auch Peschiera hat ihren Reiz. Übertroffen werden beide nur von der pittoresken Altstadt Sirmiones, die auf der Spitze der Landzunge thront. Die Stadt mit der römischen Ruine, der Wasserfestung der Scaliger, dem Schloss, der Villa der Callas und den verwinkelten Gassen war einmal eine Perle – allein schon wegen der traumhaften Lage auf der Halbinsel, umrundet vom Gardasee. Mittlerweile allerdings empfängt einen der große Zentralparkplatz vor der Zugbrücke – die Stadt ist dem Tourismus erlegen.

Eine gute Idee ist es da, sich etwas vom See zu entfernen und am Mincio entlang hinunter in die Poebene zu fahren, um durch den Parco Giardino Sigurta zu spazieren, es sich in dem bezaubernden mittelalterlichen Mühlendorf Borghetto gut gehen zu lassen oder in Valeggio sul Mincio die besten Tortellini der Welt zu genießen. Am allerschönsten ist dies einmal im Jahr im Sommer auf der Visconti-Brücke, auf der für 4000 Gäste eine schier endlose Tafel aufgebaut wird zur Festa del Nodo d'Amore.

VILLA PIOPPI

Einen so liebenswert unprätentiösen Ort wie die leuchtend rot gestrichene Villa Pioppi gibt es selten. Wie eine Insel, wenn auch eine etwas verlorene, wirkt sie mit ihrem riesigen Garten direkt am See inmitten der dichtbesiedelten touristischen Küste vor der beeindruckenden, jedoch auch sehr besuchten Altstadt von Sirmione.

Der Garten mit dem schönen, ungestylten Pool und dem eigenen Strand wirkt wie eine Oase, ebenso die vielen kleinen Balkone und Terrassen, auf denen es sich herrlich sonnenbaden lässt. Ein etwas in die Jahre gekommener Ort, der vermutlich schon prächtigere Zeiten gesehen hat, dafür strahlen Haus und Garten eine einladende Unkompliziertheit und Freizügigkeit aus. Im Garten, am Strand und am Pool stehen überall Liegestühle herum, die Stimmung ist lässig. Einen recht angenehmen Charme besitzen auch die einfachen Zimmer. Die ganze Villa und das Anwesen sind alles andere als geschniegelt und sicher kein Ort für Sauberkeits- und Ordnungsfanatiker. Für alle Anderen dürfte die Villa Pioppi jedoch in dem touristischen Getümmel vor der geschichtsträchtigen Altstadt Sirmiones eine erfrischende Alternative sein.

22 Villa Pioppi Adresse: Via XXV Aprile, 76; 25019 Sirmione (BS)
Tel: 0039 030 9904119
Preise: DZ ab 80 Euro inkl. Frühstück

☞ Die Tortellini-Legende

Als Fürst Visconti und seine Mitstreiter im 13. Jahrhundert am Fluss Mincio lagerten, berichtete ihnen der Hofnarr von Nixen, die als Hexen aus dem Fluss stiegen und nachts am Ufer tanzten. Der tapfere Held, Malco, wachte daraufhin am Fluss und sah sie. Er ging auf eine Hexe zu, versuchte sie zu packen – sie aber verlor ihren Mantel und stand als betörend schöne Nixe vor ihm. Die Liebe entflammte heftig zwischen Malco und der Nixe Silvia und beide schworen sich ewige Treue. Noch vor Sonnenaufgang musste sie jedoch zurück in den Fluss. Als Liebespfand hinterließ sie ihm ein zartes Taschentuch mit einem Knoten. Am nächsten Tag tanzten am Hofe Viscontis drei wunderschöne Mädchen. Malco erkannte in einer der Tänzerinnen seine Silvia. Als sie sich verliebte Blicke zuwarfen, bemerkte dies unglückseligerweise die Hofdame Isabella, die wiederum Malco heimlich verehrte und eifersüchtig wurde. Sie berichtete dem Fürsten, dass eine Hexe auf dem Fest sei. Als Silvia festgenommen werden sollte, verhalf ihr Malco zur Flucht und wurde daraufhin eingekerkert. In der Nacht stieg die Nixe aus dem Fluss, um ihren Liebsten zu retten und zu sich in den Mincio zu holen. Isabella war bei ihm. Sie bat Malco und Silvia mit schlechtem Gewissen um Verzeihung. Als die Wachen Alarm schlugen, hielt Isabella diese auf und legte für das Liebespaar ein gutes Wort beim Fürsten ein. Als Fürst Visconti den Fluss erreichte, fand er nur noch ein Tüchlein aus vergoldeter Seide mit einem Knoten vor. Seitdem bereiten die Frauen aus Valeggio eine Pasta zu, die dem goldenen Seidentüchlein des Liebespaares alle Ehre macht.

RISTORANTE ALLA BORSA

Die wohl feinsten Tortellini der Welt gibt es in Valeggio sul Mincio. Offenbar verstehen die Frauen in Valeggio es noch immer besser als alle anderen, Tortellini so hauchdünn zuzubereiten und den Nodo d'Amore mit Fleisch, Ricotta und den geschmackvollsten Kräutern oder Gemüsesorten so zu füllen, wie es die romantische Liebesgeschichte von der Nixe Silvia und dem Helden Malco verdient.

Unübertroffen sind die Tortellini in dem großen Landgasthof Alla Borsa. Wie in alten Manufakturen ziehen die Frauen den Pastateig in einem langgestreckten Küchenraum mit altrosa und weiß gekacheltem Boden durch die Pastamaschinen zu dünnen, langen Bändern. In weiße Hauben und weiße Küchenkittel gekleidet schneiden sie den selbst gemachten Teig dann von Hand an einer langen Tafel, füllen ihn mit den vielen verschiedenen leckeren Mischungen und falten die Tortellini zu einer Liebeserinnerung en miniature. Alle Zutaten sind frisch, aus der Region und alles wird direkt im Haus zubereitet. Draußen sitzt man wie in einem Gartenlokal und hat einen Blick auf das alte Castello Scaligero.

23 Ristorante Alla Borsa Adresse: Via Goito, 2; 37067 Valeggio sul Mincio (VR)
Tel: 0039 045 7950093 Internet: www.ristoranteborsa.it
Öffnungszeiten: Donnerstag – Dienstag 12.15 – 14.00 Uhr und 19.30 – 21.50 Uhr,
Mitte Juli bis Mitte August geschlossen

DIE WEINGEGEND VALPOLICELLA

Weinhänge so weit das Auge reicht, dazwischen liegen kleine Orte, Städte, Gehöfte – und vor allem Weingüter. Herrlich, auf den gewundenen, stillen, fast menschenleeren Sträßchen die Rebenhügel hinauf und hinab zu fahren, um dann beispielsweise in Gargagnano di Valpolicella zu landen. Gleich mehrere der besten, interessantesten und renommiertesten Weingüter sind hier auf dichtem Raum versammelt. Darunter das Bilderbuchweingut der Familie Dante Alighieris, der sich mit der „Göttlichen Komödie" einen Platz in der Weltliteratur sicherte. Sein Sohn erwarb 1353 das Landgut. Seitdem haben sich die Alighieris auch unter den Winzern einen Namen gemacht. Wie in fast allen Weingütern können Sie die Weine kosten, sich bei einer Weinprobe selbst überzeugen vom Geschmack des Valpolicella, des Ripasso oder edlen Amarone. Bei Serego Alighieri lernen Sie gleich die Weine von Masi kennen, einem weiteren Spitzenweingut.

Edler Amarone lagert in Kirschholzfässern. Das Holz stammt aus der wunderschönen, hügeligen Gegend um Negrar, die nicht nur für ihren Wein, sondern auch für die besonders aromatischen, großen Kirschen berühmt ist. Ganz in der Nähe Negrars befindet sich Italiens größtes Open-Air-Theater mit sieben aufsteigenden Rängen im schönen Giardino di Pojega bei der Villa Rizzardi. Die Klassikkonzerte dort sind meist schon früh ausverkauft.

Ein kleines Wanderparadies liegt ganz im Norden Valpolicellas mit beeindruckenden Wasserfällen und Grotten: der Parco di Molina.

LOCANDA DEL BUGIARDO

Eine staubige Piste führt durch die Weingegend weg von den kargen Dörfern und endet plötzlich und verheißungsvoll vor der großzügigen Anlage mit dem rot gestrichenen Landhaus. Inmitten der Weinfelder stehen die Tische auf der Terrasse der Locanda del Bugiardo.

Die typisch Veroneser Küche ist sehr frisch, leicht und lecker. Im Mittelpunkt stehen jedoch die Weine aus dem aufstrebenden eigenen Weingut Il Bugiardo. Etwa der Valpolicella Classico Superiore Ripasso von 2006 für 18 Euro oder der noch edlere Amarone della Valpolicella Denominazione di Origine Controllata Classico von 2005 für 32 Euro. Ein Lieblingswein des US-Präsidenten Barack Obama, den er offenbar in einem italienischen Restaurant in Chicago trinkt, wird ebenfalls ausgeschenkt. Dazu gibt es verschiedene, sehr gute Risotto- und Pasta-Gerichte für je zehn Euro sowie Fleischgerichte vom Grill in vielen Varianten.

Die Terrasse mit den Olivenbäumen und den Weinbergen vor dem Haus könnte nicht stimmiger zur Küche und dem Restaurant passen. Innen ist der große, fast scheunenartige Raum in dem elegant ausgebauten Bauernhof auf moderne Weise rustikal: helle Steinböden und Holzdecken, Feldsteinwände, helle Tischdecken, Kerzen und Blumen in kleinen Weinflaschen und alte Schränke, in denen die Weingläser glänzend poliert aufgereiht sind.

24 Locanda del Bugiardo Adresse: Via Cariano, 24 A; 37029 San Pietro in Cariano (VR) Tel: 0039 045 6801725 Internet: www.buglioni.it/locanda
Öffnungszeiten: Täglich 12.00 – 15.00 Uhr und 19.00 – 22.30 Uhr

AGRITURISMO DEL BUGIARDO

Eine bessere Unterkunft für Tage in den schönen Valpolicella-Weinbergen lässt sich nicht finden: Das aufstrebende Weingut Buglioni hat einen Agriturismo inmitten der Weinfelder eröffnet. 2005 modernisierte Buglioni das Landgut aus dem 19. Jahrhundert. Dabei blieben die alten Feldsteinwände ebenso erhalten wie die herrlichen Kamine. Die Zimmer sind stilvoll schlicht und sehr angenehm. Aus den Fenstern schaut man direkt in den Weinberg – eine himmlische Ruhe herrscht rund um das Landhaus. Das Frühstücksbuffet ist in einem rustikalen Salon aufgebaut. Die roten oder hellen Steinböden passen stimmig zum rustikal modernen Ambiente und den alten Landhausmöbeln.

Nicht einmal fünf Kilometer liegt das Landhaus Agriturismo del Bugiardo von den anderen großen Weingütern wie Alighieri oder Masi in Gargagnano di Valpolicella entfernt. Und zum Essen ist das Ristorante Locanda del Bugiardo zu Fuß mit einem Spaziergang durch die Weinfelder oder mit dem Auto in wenigen Minuten zu erreichen.

25 Agriturismo del Bugiardo Adresse: Via Cariano; 37029 San Pietro in Cariano (VR)
Tel: 0039 045 6895192 Internet: www.agriturismodelbugiardo.com
Preise: DZ ab 150 Euro inkl. Frühstück

WEINGÜTER ALIGHIERI & MASI

Ein Bilderbuchweingut ist das Casal dei Ronchi von Alighieri und Masi in Gargagnano. Pietro Alighieri, der Sohn des berühmten Dichters der „Göttlichen Kommödie", Dante Alighieri, erwarb 1353 das Anwesen. Schon über sechs Jahrhunderte betreiben die Alighieris hier Landwirtschaft und Weinbau. Das historische Weingut strahlt noch immer etwas Besonderes aus, eine Mischung aus Landgut, Kloster und Schloss. Ein weiteres Spitzenweingut, das Masi, verwaltet seit einiger Zeit die Weinberge Alighieris. Die Geschichte von Masi begann Ende des 18. Jahrhunderts mit ersten Weinlagen in dem kleinen Tal Vaio dei Masi. Seitdem hat die Familie Boscaini viele historische Weinberge dazu erworben und ihr Weingut stetig vergrößert.

Bei einer Weinprobe im Casal dei Ronchi lernen Sie die Alighieri- und die Masi-Weine kennen. Berühmt sind vor allem die roten Amarone-Weine. Einige Amarone-Crus und edle alte Jahrgänge sind ausschließlich hier zu bekommen. Sie können auch andere ausgezeichnete Rot-, Weiß- und Süßweine probieren, ebenso Grappe und traditionell mit alten Mühlrädern gewonnenes Olivenöl Extra Vergine. Balsamico, Konfitüren, Honig und sogar Reis aus eigener Herstellung werden ebenfalls verkauft. Wer länger in die Welt der Weingüter eintauchen möchte, kann in der Foresteria, die zum Casal dei Ronchi gehört, eines der acht Apartments mieten.

26 Weingüter Alighieri & Masi Adresse: Via Monteleone, 26;
37015 Gargagnano di Valpolicella (VR)
Tel: 0039 045 7703622 Internet: www.seregoalighieri.it; www.masi.it
Öffnungszeiten: Montag – Samstag 10.00 – 18.00 Uhr, Sonntag geschlossen

☞ Relais Villa Graziani

Herrschaftlich, elegant und kühl thront die Villa Graziani mitten in der Wein-gegend Valpolicella. Nur sechs erlesene Zimmer werden in der imposanten zweistöckigen Landhausvilla vermietet. Der wunderbare, große Garten mit den alten Bäumen ist ebenso akkurat gepflegt wie der Salzwasserpool. Jedes Zimmer ist farblich und stilistisch anders gestaltet. So distinguiert die Villa auch wirkt, der Aufenthalt dort ist gleichzeitig doch familiär und intim: Die Familie der Besitzer wohnt mit im Haus, kümmert sich rührend um ihre Gäste und weiß viele gute Tipps für schöne Tage im Valpolicella. Fahrräder können Sie ebenfalls dort mieten. Und viele der bedeutendsten Weingüter befinden sich im näheren Umkreis von weniger als zehn Kilometern.

Adresse: Via Tobele, 25; 37020 Marano di Valpolicella/Valgatara (VR)
Tel: 0039 045 6831566
Internet: www.relaisvillagraziani.com
Preise: DZ ab 195 Euro inkl. Frühstück

☞ Trattoria Dalla Rosa Alda

Fellini war schon mit dem graphic novelist Milo Manara in der Trattoria Dalla Rosa Alda. Obwohl ein leichtes Faible für Kunst und Künstler bei dem älteren Besitzer zu spüren ist, wirkt die Dorftrattoria deutlich geerdeter als Fellinis Filme. Auf der Terrasse kann man in aller Ruhe solides, für die Region typisches Essen bekommen. Die Weine stammen aus der Nachbarschaft, viele kleinere Weingüter sind darunter, die ihre Weinberge nachhaltig bewirtschaften. Wer im Dorf gleich übernachten möchte, kann sich hier ein schlichtes Doppelzimmer ab 90 Euro inklusive Frühstück mieten.

Adresse: Strada Garibaldi, 4; 37015 Sant'Ambrogio di Valpolicella (VR)
Tel: 0039 045 7701018, Internet: www.dallarosalda.it
Öffnungszeiten: Dienstag – Sonntagmittag 12.00 – 14.00 Uhr und
19.00 – 21.00 Uhr, im Juli und August täglich geöffnet

☞ Osteria Dalla Bice

Einen Zwischenstopp auf dem Weg durch die Weinberge kann man sehr gut in der Osteria Dalla Bice einlegen. Weiß gedeckte Tische mit Holzstühlen stehen in dem rustikalen Raum mit Steinboden. Die typische Veroneser Küche mit hausgemachter Pasta, deftigen Wurstplatten, aber auch aromatischen Trüffeln ist sehr gut.

Adresse: Via Bottega, 1; 37020 Torbe di Negrar (VR)
Tel: 0039 045 7500720
Internet: www.dallabice.it
Öffnungszeiten: Mittwoch – Montag 12.15 – 14.00 Uhr
und 19.00 – 21.00 Uhr

DAS QUIRLIGE VERONA

Romeo und Julia und ein fast 2000 Jahre altes, imposantes römisches Amphitheater haben die charmante und quicklebendige Stadt Verona berühmt gemacht. Junge Liebespaare schauen sich unter Julias Balkon trotz oder gerade wegen allen Kitschs reihenweise verheißungsvoll schmachtend in die Augen. Und ein Opernbesuch in der unter dem römischen Kaiser Antonius erbauten Arena, einem der ältesten Gebäude Europas, gehört an der Piazza Bra zu den Dingen, die man einmal im Leben gemacht haben sollte.
Das Schönste ist aber: Erst neben den beiden touristischen Hauptattraktionen wird Verona zu einer echten Entdeckung. Quirlig und quicklebendig ist diese kleine Stadt. Stundenlang könnte man durch die verwinkelten Gassen streifen, von einem Laden in den nächsten ziehen, dazwischen in den vielen Cafés und Bars einen Cappuccino oder Wein trinken und sich dann irgendwann in einem der vielen exzellenten Restaurants niederlassen. An jeder Ecke gibt es etwas zu entdecken: neue Läden, unter denen das Folli Follie ein Highlight ist, Mode, tolle Architektur, Gesichter, Menschen und für eine Stadt mit gut 250 000 Einwohnern ein beachtliches Kulturangebot. Allein in der Altstadt, die wunderschön vom Fiume Adige, der Etsch, eingerahmt wird, ballen sich interessante und schöne Museen, Galerien und Kirchen. Bei den Restaurants können Sie aus dem Vollen schöpfen und zwischen Tradition in der Antica Bottega del Vino, klassischer Moderne in den Maseninis, Gourmet bei Elia Rizzo im Sternerestaurant Desco und einem Feuerwerk des Interior Designs, dem Castelvecchio, wählen.

RISTORANTE LOCANDA DI CASTELVECCHIO

Ein Feuerwerk fürs Auge, ein Spektakel des Interior Designs – an der Dekoration hätte Greenaway seinen Spaß. In keinem Restaurant wird das Essen so bildschwärmerisch inszeniert wie im Ristorante Castelvecchio. Opulente Vorhänge eröffnen die Restaurantbühne. Und die Vorhänge versprechen nicht zu viel. Der vordere große Saal ist klassisch gehalten mit weiß eingedeckten Holztischen und einer Holztäfelung, die noch original aus dem ersten Veroneser Delikatessgeschäft von 1831 erhalten ist. Ein winziger, rot gehaltener Zwischenraum mit mondänem Spiegel deutet an, dass die Opulenz im Speisezimmer dahinter maßloser, die Atmosphäre intimer wird. Mit funkelnden Klunkern behängte, ausgestopfte Rehköpfe hängen an den Wänden, viele Spiegel, viel Silber, wunderbar gedämpftes rotes und violettes Licht und im Durchgang ein grüner Vorhang, der französisch wirkt und in den weiß gehaltenen Wintergarten führt – in den luftigen Ausklang des ästhetischen Spektakels. Wie bei einem römischen Bankett werden die opulent angerichteten Fleischberge auf einem silbernen Wagen an den Tisch gerollt. Armando Bordin schneidet vor den Augen der Gäste und seinem Team eigenhändig die Fleischstücke zurecht. Ein wahres Fest der Sinne. Verrückt schön ist das Restaurant. Der Wirt inszeniert immer wieder neu eingekleidet das barocke Spektakel. In naher Zukunft können Sie im Castelvecchio auch übernachten. Das wird sicher ein wunderbarer Ort. Wir sind sehr gespannt!

27 Ristorante Locanda di Castelvecchio Adresse: Corso Castelvecchio, 21 A; 37121 Verona (VR) Tel: 0039 045 8030097
Internet: www.ristorantecastelvecchio.com
Öffnungszeiten: Mittwoch – Montag 12.00 – 14.00 Uhr und 19.00 – 22.00 Uhr

☞ Hotel Gabbia d'Oro

Ebenso barock wie das Ristorante Locanda di Castelvecchio ist das Hotel Gabbia d'Oro – nur viel konservativer. Ein exzentrisches Deko-Fest sind die Räume gleichwohl. Zudem ist die Lage fantastisch: Mitten in der Altstadt von Verona liegt das Hotel in einem Palazzo aus dem 18. Jahrhundert.
Die opulente Inneneinrichtung und die sanfte Beleuchtung erinnern bisweilen an 1001 Nacht. Viele verschiedene alte Gegenstände wurden zu atmosphärisch dichten Zimmern zusammengestellt. Auch die Orientteppiche, Stoffe, die Holzdecken und Fresken sorgen für eine intime, märchenhafte Stimmung. Der Komfort bleibt für das Preisniveau dagegen hinter der Dekoration zurück – gerade in den Bädern. An eine schnelle, erfrischende Dusche zwischendurch ist in vielen Zimmern nicht zu denken. Sicher kein Hotel für pragmatische Sauberkeits- und Ordnungsfans. Wer sich aber gern von Atmosphären verzaubern lässt und einen zentralen Ausgangspunkt sucht, um Verona zu entdecken und zu genießen, ist im Hotel Gabbia d'Oro goldrichtig.

Adresse: Corso Porta Borsari, 4 A; 37121 Verona (VR)
Tel: 0039 045 8003060
Internet: www.hotelgabbiadoro.it
Preise: DZ ab 245 Euro inkl. Frühstück

ANTICA BOTTEGA DEL VINO

Die Antica Bottega del Vino beherrscht die hohe Kunst, Tradition und alte Grandezza mit frischem, authentischem Leben zu füllen. Die Kellner wuseln in weißen Hemden mit dunklen Krawatten und grünen Schürzen durch das Restaurant. Im vorderen Raum sitzen ältere Herren an dunklen Holztischen, trinken mittags ihr erstes Gläschen Wein und essen dazu Grissini mit Prosciutto crudo di Carpegna. Im hinteren Raum können Sie an mit weißen Untersetzern und roten Servietten dezent eingedeckten Tischen exzellent essen. Severino Barzan, der Besitzer, hat die Weingläser übrigens selbst entworfen. Die Tagesgerichte stehen auf einer Schiefertafel, die hinter der Theke zwischen orientalisch anmutenden Lampen aus bauchigen Weinflaschen hängt. Berühmt sind das Risotto all'Amarone, die Pferdefleischgerichte und der Tortino di Sarde con Verdure. Und auch der Weinkeller ist beeindruckend und hervorragend bestückt.

An den Wänden der Bottega reihen sich Weinflaschen auf Holzregalen neben- und übereinander wie in einem Weinmuseum, dazwischen hängt hier und da eine alte Landkarte renommierter Weingegenden, kleine Malereien sind an den Wänden, die Holzbalken immer wieder mit kleinen Mustern in gelb, rot und grün verziert und in die Deckenbalken sind Trinksprüche geritzt. Licht dringt nur durch die gelblich bulligen Butzenscheiben in den uralten Speisesaal, dessen Geschichte bis ins 15. Jahrhundert zurückreicht.

28 Antica Bottega del Vino Adresse: Via Scudo di Francia, 3; 37121 Verona (VR)
Tel: 0039 045 8004535 Internet: www.anticabottegadelvino.net
Öffnungszeiten: Mittwoch – Montag 12.00 – 14.30 Uhr und 19.00 – 23.00 Uhr

Risotto all'Amarone

Für 2 Personen

Die Butter in einem großen Topf schmelzen und anschließend den Reis darin bei mittlerer Hitze anbraten. Sobald der Reis glasig ist, nach und nach den Wein zugeben, dabei den Reis jeweils so lange auf mittlerer Flamme kochen, bis der Wein vollständig aufgesogen ist. Danach die Gemüsebrühe zugeben und das Risotto so lange weiterkochen, bis der Reis zwar noch schön körnig, aber gar ist.

Vor dem Servieren wird das Risotto noch mit etwas Butter und dem fein geriebenen Parmesan oder Grana Padano verfeinert.

160 g Carnaroli Reis
0,375 l Amarone Wein
etwas Butter
150 ml Gemüsebrühe
100 g Parmesan oder
Grana Padano

☞ Gelateria Savoia

Eine traditionelle und sehr gute Eisdiele finden Sie in Verona an der Piazza
Bra. In den wunderschönen alten silbernen Eiskesseln mit den spitzkegeligen
Deckeln schlummern wahre Köstlichkeiten. Seit 1939 existiert die Gelateria.
Lecker sind auch die Eisbecher und Eistorten, das Semifreddo und die Pingu-
inos. Wie eine kleine Oase mitten im Trubel der quicklebendigen italienischen
Stadt wirkt das rot gepolsterte Sofa auf der linken Seite. Flair verleihen die
Weltkarten an der Wand, die zwei Comicmalereien und der helle Steinboden.

Adresse: Via Roma, 1 B (Piazza Bra); 37121 Verona
Tel: 0039 045 8002211
Internet: www.gelateriasavoia.it
Öffnungszeiten: Täglich 9.30 – 24.00 Uhr

TRATTORIA I MASENINI

Wie die Revolutionäre „I Masenini" 1836 für die italienische Tradition kämpften, so wollen die Köche der beiden großen Restaurants Trattoria und Pescheria I Masenini sich in Verona für die hohe Qualität der italienischen Küche einsetzen. Der Zufall will es nämlich so, dass sich die Aufständischen damals in einer Osteria direkt um die Ecke der heutigen Trattoria trafen. Die Restaurants punkten allerdings weniger politisch – vielmehr durch eine sehr stimmige, unaufdringliche Ästhetik und gutes italienisches Essen.
In der Trattoria in der Via Roma dreht sich vom Tartar bis zum Fiorentina alles um den reinen Geschmack des Fleisches. In den angenehmen Räumen mit den schwarz-weißen Steinböden und der dunklen Holztäfelung kann man herrlich entspannt tafeln, in Gespräche versinken oder den Köchen beim Töpfeklappern in der Küche zusehen. Die dunklen Holztische sind mit zwei weißen Tischtüchern gediegen eingedeckt, in den polierten Holzvitrinen reihen sich Weinflaschen und Hochprozentiges wohlgeordnet nebeneinander. Auch draußen sitzt man sehr schön unter den hellen, großen Sonnenschirmen.

29 Trattoria I Masenini Adresse: Via Roma, 34; 37121 Verona (VR)
Tel: 0039 045 8065169 Internet: www.imasenini.com
Öffnungszeiten: Montag – Samstag 12.40 – 14.00 Uhr und 19.40 – 22.00 Uhr

☞ Pescheria I Masenini

Die Masenini-Teams mischen Verona wie damals die Revolutionäre gleich von beiden Seiten der Altstadt auf. Nach dem großen Erfolg der Trattoria eröffnete direkt am alten Fischmarkt, an einem idyllischen kleinen Platz in der Nähe des Flusses, die Pescheria I Masenini. Beide Restaurants haben den schwarz-weißen, sehr schönen Steinfußboden und eine offene Küche. Die Räume sind genauso angenehm gestaltet wie in der Trattoria. In der Pescheria dreht sich jedoch alles um traditionelle italienische Fischgerichte. Von den Vorspeisen bis zu den Hauptgerichten stehen hier Meeresfische im Vordergrund.

Adresse: Piazzetta Pescheria, 9 A; 37121 Verona (VR)
Tel: 0039 045 9298015
Internet: www.imasenini.com
Öffnungszeiten: Montag 19.40 – 22.00 Uhr, Dienstag – Samstag
12.40 – 14.00 Uhr und 19.40 – 22.00 Uhr

☞ Relais Corte Guastalla

Idealer Ausgangspunkt für Verona, die Weingegend Valpolicella, das Süd-
ende und die Ostküste des Gardasees zugleich: das Relais Corte Guastalla.
Bis nach Verona oder zum Gardasee sind es lediglich zwölf Kilometer. Die
günstige Lage bleibt nicht der einzige Vorzug dieses schönen Hotels.
Die rustikalen Zimmer sind herrlich licht und klar. Der Aufenthalt ist so an-
genehm, dass Sie womöglich den Leihwagen für die geplanten Touren und
Ausflüge ganz umsonst gemietet haben.
In dem von der Landschaftsarchitektin Anna Braioni angelegten Garten und
Park des Landgutes aus dem 15. Jahrhundert könnte man zwischen Platanen,
Pappeln und Erlen Stunden und Tage verbringen. Oder mit einem Buch auf der
Terrasse sitzen und vom morgendlichen Frühstücksbuffet mit den leckeren
frisch gebackenen Obstkuchen zu weiteren Cappuccini übergehen. Sollte die
Lektüre zu spannend werden, kann man zwischendurch in den sehr schön
angelegten und auch nachts wunderbar beleuchteten Pool springen und ein
paar Runden schwimmen. Und wer Lust auf Bewegung bekommt, kann mit
dem Mountainbike durch die Weinberge radeln.

Adresse: Via Guastalla Vecchia, 11; 37060 Sona – Verona (VR)
Tel: 0039 045 6095614
Internet: www.corteguastalla.it
Preise: DZ ab 175 Euro inkl. Frühstück

SMART
TRAVELLING

GUT ZU WISSEN

Der Gardasee ist groß, darum ist dieser Infoteil so klein. Hier erfahren Sie nicht alles und jedes, sondern genau das, was Sie für eine perfekte Woche brauchen. Wenige, aber genau die richtigen Informationen: Wissenswertes über die Lebensart am Gardasee, eine kleine subjektive Auswahl an Sehenswürdigkeiten, Spaziergängen und Tipps für Unternehmungen. Dazu eine Karte mit all unseren Lieblingsadressen, damit Sie nicht lange suchen müssen, sondern gleich anfangen können, Ihre Zeit am Gardasee zu genießen.

GRAND HOTELS UND ALTE GRANDEZZA

Allein beim Klang des Wortes Gardasee assoziiert so mancher Scharen deutschsprachiger Touristen oder ein italienisches Schlupfloch Münchens. Erst im ausgehenden 19. Jahrhundert begannen die besseren Kreise aus Deutschland den bis dahin trotz Goethes „Italienischer Reise" 1786 recht unbekannten Gardasee für sich zu entdecken: Sie entflohen im Winter der deutschen Kälte, während es ihnen nicht in den Sinn gekommen wäre, einen Sommer in Italien zu verbringen.

Autoren wie Thomas Mann, Hugo von Hofmannsthal, Paul Heyse, Friedrich Nietzsche und viele andere trugen dazu bei, den Gardasee für den Adel und das Großbürgertum interessant zu machen. Zudem wurde er als heilsames Refugium für rekonvaleszente Lungenkranke entdeckt: Die Geschichte der Kurorte nahm ihren Lauf.

Der endgültige Durchbruch des deutschsprachigen Luxustourismus gelang mit dem Grand Hotel des Österreichers Louis Wimmer (der 1881 sogar Bürgermeister von Gardone Riviera wurde) im damals exklusiven und auch nur schwer zu erreichenden Gardone Riviera. Das Hotel ist noch immer voll in Betrieb – und vor allem bei der älteren Generation sehr beliebt. Die ersten Hotels wurden häufig von Österreichern oder Deutschen geführt.

Der Ausbruch des Ersten Weltkriegs markiert eine Zäsur: Deutschsprachige Reisende wurden selten am Gardasee. Erst nach dem Zweiten Weltkrieg kam der deutsche Massentourismus am Gardasee auf. Eine Entwicklung, die seit einigen Jahren (glücklicherweise) rückläufig ist. Eine positive Tendenz nämlich wird dadurch verstärkt: Restaurants und Hotels achten wieder stärker auf Qualität und Klasse statt Masse.

Grand Hotel Gardone
Via Zanardelli, 84
25083 Gardone Riviera (BS)
Tel: 0039 0365 20261
www.grangardone.it

Villa Giangiacomo Feltrinelli

Das mondänste Hotel am Gardasee blickt auf eine interessante und abwechslungsreiche Geschichte zurück. Die Villa wurde 1997 von Robert H. Burns gekauft, der umgerechnet 30 Millionen Euro investierte und sie zu dem Grand Hotel am Gardasee umbaute. Bis ins kleinste Detail wurde jeder Raum stilvoll und aufwändig renoviert. Ein prächtiges Kleinod.

Ursprünglich diente die Villa den Feltrinellis, einer Dynastie aus Mailand, als Sommerresidenz. Reich wurden die Feltrinellis durch Holzhandel und als Papierfabrikanten, später gründeten sie Banken und Unternehmen. Ihre Blütezeit wurde abrupt unterbrochen: Die Faschisten annektierten die Villa, die Feltrinellis mussten in den Süden fliehen. Mussolini zog mit seiner Familie ein und residierte dort von 1943 bis 1945. Nach dem Krieg traf sich dann die linksorientierte Oberschicht in der Villa. Giangiacomo Feltrinelli war mittlerweile als Kommunist sehr aktiv, hatte den renommierten Feltrinelli-Verlag gegründet und bei Ernst Rowohlt die deutsche Fotografin Inge Schönthal kennengelernt – die beiden heirateten schon bald. In dem mondänen Landhaus am Gardasee gingen berühmte Autoren der Zeit ein und aus. Die Villa des einflussreichen italienischen Verlegers und seiner deutschen Fotografin, die ihrerseits Ernest Hemingway, Simone de Beauvoir und Erika Mann porträtiert hatte sowie Pablo Picasso, Billy Wilder und Gary Cooper, wurde zu einem beliebten Treffpunkt der linken Elite. Nach Feltrinellis Tod verkaufte Inge Feltrinelli die Villa – und seitdem steht sie nun der wohlbetuchten Oberschicht als Hotel offen. Ein Besuch lohnt sich auf alle Fälle – und sei es auch nur in der Bar.

Via Rimembranza, 38 – 40
25084 Gargnano (BS)
Tel: 0039 0365 798000

ATEMBERAUBENDE SEEBLICKE

Unschlagbar schön ist der Weg zum Monte Castello. Die Wallfahrtskirche und das Kloster liegen atemberaubend auf einem steil, fast senkrecht abfallenden Felsvorsprung gut 700 Meter über dem Gardasee. Himmlisch ist der Blick auf den See, den Monte Baldo und die Burg von Malcesine. Die Wallfahrtskirche aus dem 17. Jahrhundert mit ihrem goldenen Altar und dem antiken Freskenbild der Krönung Mariae aus Giottos Werkstatt lohnt sich ebenfalls. Wunderbar ist der Weg hoch „alla croce", der hinter der Kirche auf den Gipfel des Monte Castello führt. In den Wäldern aus Esskastanien, Buchen und Steineichen wachsen sogar wilde Alpenveilchen.

Santuario della Madonna di Montecastello

Località Montecastello
25080 Tignale sul Garda (BS)
Tel: 0039 0365 760255
www.montecastello.org
Ostern – Oktober täglich
9.00 – 19.00 Uhr
Wanderung: Villa Sostaga –
Montecastello (circa 1,5 – 2 Stunden)

Etwas kürzer und ebenfalls herrlich ist der Weg zur Einsiedelei und alten Pestkapelle San Valentino. Sie liegt knapp 800 Meter über dem Gardasee in einer schwindelerregend überhängenden Felswand. 1630 wurde sie wohl errichtet, um der Pest entweder zu entkommen, zu trotzen oder zum Dank dafür, die Pest überwunden zu haben. Seitdem wurde sie hin und wieder von Eremiten bewohnt. Ein unglaublicher Ort mit himmlischem Blick über den See.

Wanderung: Villa Sostaga –
Eremo di San Valentino
(circa 1 Stunde)

MEGALOMANISCHES MUSEUM

Ein extravagantes Kulturgut gibt es am Gardasee ebenfalls zu besichtigen: Il Vittoriale degli Italiani von Gabriele D'Annunzio, dem berühmten Dichter und präfaschistischen Ästheten. Anachronistisch und verstaubt wirkt dann auch der Patriotismus des in die Jahre gekommenen, berühmten Vittoriale, das freilich noch immer heftig polarisiert. Einige Besucher sind fasziniert von der narzisstisch spleenigen Selbstinszenierung, andere abgestoßen – denn D'Annunzio war nicht nur ein eitler Ästhet, sondern auch ein Fan von Vaterland und Kriegsabenteuern. Manche sehen daher in dem Park mit seinen Wasserspielen und Zypressenhainen, den antikisierenden Gebäuden und dem Museum das megalomanische Mausoleum eines faschistischen Vordenkers, andere ein interessantes Sammelsurium seltsamer Raritäten und ein Zeitzeugnis.

Kurios ist das Vittoriale auf jeden Fall. Kosten und Mühen hat D'Annunzio in dem mondänen Anwesen nicht gescheut. Beispielsweise ließ er das komplette Vorschiff eines eher unspektakulären Kriegsbootes an den Gardasee transportieren und in den Berghang hineinbauen, bloß, weil er aufregende Stunden in den Kämpfen um Dalmatien auf dem Schiff verlebt hatte. Die Innenräume seiner Villa hingegen erinnern an einen labyrinthischen Antiquitätenhandel voller Raritäten und Kunstgegenstände.

D'Annunzios Ruf als bedeutender italienischer Dichter und Künstler seiner Zeit kam nicht nur deshalb etwas in Verruf, weil sein Werk von den Faschisten geschätzt wurde, sondern weil er ein Leben ohne Kriegsfieber als eher langweilig ansah. So wurde er nicht nur als Dichter verehrt, sondern ironischerweise bisweilen gerade wegen eines Mangels an Lebenskunst belächelt oder aber für seine Hybris und Kriegsverherrlichung verachtet.

Unter den mitunter pathetisch-kitschigen Dekorelementen D'Annunzios lässt sich in der Villa übrigens noch die stilsichere Hand des Vorbesitzers erkennen, des nicht weniger lebenslustigen Kunsthistorikers Heinrich Thode, dessen ausschweifende Feste legendär waren – auch die Kinder Richard Wagners gingen damals in der Villa ein und aus. Besonders lohnend ist der Bibliotheksflügel, den er damals errichten ließ, in dem noch immer seine bemerkenswerte kunsthistorische Bibliothek zu besichtigen ist. Das antikisierende Freilichttheater draußen im Garten hat sich als Veranstaltungsort einen Namen gemacht. Hier finden im Sommer schöne Aufführungen statt.

Il Vittoriale degli Italiani
Via Vittoriale, 12
25083 Gardone Riviera (BS)
Tel: 0039 0365 296511
www.vittoriale.it
April – September täglich
9.30 – 19.00 Uhr,
im Winter
9.00 – 17.00 Uhr
Preise: Regulär ab 8 Euro

SCHÖNSTES BÜTTENPAPIER

Ein in Venedig sehr begehrtes Büttenpapier wurde im Toscolano-Tal bereits seit 1381 hergestellt. Rupfen und Lumpen wurden dafür in schweren, von Mühlrädern angetriebenen Balkenmaschinen zu Brei gestampft. Sie ergaben das Rohmaterial, aus dem wiederum das berühmte Büttenpapier hergestellt wurde.

Damals war das Toscolano-Tal ein wahres Zentrum der Papierindustrie: Entlang des Bachs entstand die Via delle Cartiere, die Straße der vielen Papierfabriken.

Im Museum in Maina Inferiore lässt sich die Entwicklung der Papierherstellung vom ausgehenden Mittelalter bis ins 20. Jahrhundert sehr anschaulich nachvollziehen. Außerdem wird das berühmte Papier mit dem Wasserzeichen hier noch auf traditionelle Weise hergestellt und im Shop verkauft. Ehemalige Mitarbeiter der derzeit einzig verbliebenen Papierfabrik in Toscolano-Maderno geben liebevoll Auskunft über die Geschichte der Papierherstellung.

Centro di Eccellenza Polo Cartario di Maina Inferiore
Via Valle delle Cartiere
25088 Toscolano-Maderno (BS)
Tel: 0039 0365 641050
www.valledellecartiere.org
20. Juni – 30. September täglich
10.30 – 18.00 Uhr, davor und danach
nur am Wochenende und im Winter
nur nach Voranmeldung
Preise: Regulär 5 Euro

MODERNE KUNST IM MITTELALTERDORF

In den eng verschachtelten Steinhäusern oberhalb von Riva und Tenno haben sich in einem mittelalterlichen Dorf moderne Künstler breit gemacht. Die Legende behauptet, eine innere Stimme habe den Gründer der Künstlergruppe, den Turiner Maler Giacomo Vittone, dazu angehalten, am Tennosee in Canale di Ville del Monte die Casa degli Artisti ins Leben zu rufen, das Haus der Künstler. Vielen anderen Künstlern sei es bei ihrem ersten Besuch ähnlich ergangen: Eine innere Stimme habe ihnen zugeraunt, in Canale di Ville del Monte die Künstlergemeinschaft mit aufzubauen. Maler und Bildhauer aus der Gegend nutzen seit 1967 den Ort zum Arbeiten, auch Sommerkurse und viele Veranstaltungen, auch für Kinder, finden hier statt. Die rege Künstlergemeinde, der gut erhaltene einheitliche Trentiner Baustil, das leckere Essen und auch das mittelalterliche Dorffest im August haben Canale seitdem aus seinem Dornröschenschlaf wachgeküsst. Sogar ein kleines Museum ist entstanden. Lassen Sie sich überraschen und lauschen Sie auf Ihre in-

nere Stimme, wenn Sie durch den Ort
schlendern oder die Casa degli Artisti
besuchen.

Casa degli artisti „Giacomo Vittone"
Via al Lago, Ville del Monte

Ortsteil Canale
38060 Tenno di Trento (TN)
Tel: 0039 0464 502020
www.casartisti.it

ITALIENS FUTURISTEN FÜR REGENTAGE

Der Tessiner Stararchitekt Mario
Botta entwarf nicht nur das MoMA
in San Francisco, sondern auch das
MART nordöstlich vom Gardasee:
das Museum für moderne und zeit-
genössische Kunst in Rovereto. Die
vielleicht bedeutendste Sammlung
futuristischer Kunst Italiens ist hier
untergebracht. 50 Millionen Euro gab
die Provinz Trient für das Prestige-
projekt aus, das eine Ausstellungs-
fläche von über 6000 Quadratmeter
bietet.

Berühmter als die Kunst ist womöglich nur noch die 25 Meter hohe Glas-
und Stahlkuppel mit einem Durch-
messer von etwa 40 Metern, die
zwischen zwei historischen Palazzi
die zentrale Piazza vor dem Museum
überwölbt, den Eingangsbereich.

Im ersten Stock liegen die Hallen
für die Wechselausstellungen, im
zweiten werden Teile der eigenen
Sammlung gezeigt – dabei können
die Kuratoren aus einem Fundus
von immerhin über 7000 Kunstwer-
ken schöpfen. Der Fokus liegt auf
moderner und zeitgenössischer italienischer Kunst mit Arbeiten von
Giorgio Morandi, Giorgio de Chirico,
Mimmo Paladino und vielen anderen. Der italienische Futurismus ist
wie gesagt besonders prominent
vertreten, aber auch das Novecento
Italiens, die informelle und abstrakte
Kunst sowie die amerikanische Pop-
Art u. a. mit Arbeiten von Robert Rau-
schenberg, Roy Lichtenstein und Tom
Wesselmann.

Vor oder nach dem Museumsbesuch
lässt es sich wunderbar durch die
engen Gassen Roveretos schlendern,
einer ehemals reichen italienischen
Kleinstadt mit Herrenhäusern, Paläs-

ten wie an der Piazza Rosmini und Maulbeerbäumen, die noch an die Anfänge des Wohlstands erinnern: die Seidenraupenzucht.

MART – Museo di arte moderna e contemporanea
Corso Bettini, 43
38068 Rovereto (TN)
www.mart.trento.it
Circa 20 km östlich von Torbole,
Ausfahrt A22
Dienstag – Sonntag 10.00 – 18.00 Uhr,
Freitag bis 21.00 Uhr, Montag geschlossen
Preise: Regulär 11 Euro

OFFENES ATELIER

Der Skulpturengarten von Pino Castagna in Costermano, wenige Kilometer östlich von Garda, ist ein wunderbarer Ort. Seit vielen Jahrzehnten arbeitet der Künstler hier. Seine so typischen Skulpturen täuschen darüber hinweg, dass er mit unglaublich vielen Materialien arbeitet und experimentiert. Im Museion in Bozen wurden Arbeiten von ihm ausgestellt, und er war auf der Biennale in Venedig 2011 vertreten. Nicht nur die Kunst zeichnet Pino Castagna aus, sondern auch sein En-gagement. Er arbeitete mit Gefängnisinsassen, denen er angewandte Mechanik und Tischlerei beibrachte. In der Villa Borletti in Garda richtete er mit dem schottischen Bildhauer Michael Noble ein Atelier für psychiatrische Patienten ein. Sie können dort malen und mit Keramik arbeiten. Castagnas hohe Metallskulpturen im Garten in Costermano sind als Wegweiser kaum zu übersehen. Das mehrstöckige Atelier liegt herrlich und bietet einen schönen Blick auf den See.

Pino Castagna
Via Salita degli Olivi, 20
37010 Costermano (VR)
Tel: 0039 0457 200116
Montag – Freitag 9.00 – 12.00 Uhr
und 15.00 – 18.00 Uhr, Samstag und
Sonntag geschlossen

„O Sirmione, du Perlchen alles dessen, was Neptun in Landseen oder großen Meeren hegt, Halbinseln oder Inseln – froh, wie herzlich froh besuch' ich dich!" Fast so viele Liebeserklärungen Catulls begegnen einem wie Touristen. Früher musste lediglich die Zugbrücke mit heiler Haut überstanden werden, um die für ihre Schönheit legendäre kleine Halbinsel besuchen zu können: Heute beginnen die Widrigkeiten bereits auf dem riesigen Parkplatz vor den Stadttoren. Sirmione wird von einer imposanten Scaligerifestung und einer römischen Ruine, der sogenannten Grotte des Catull, eingerahmt. Dazwischen hat sich der Tourismus in den eigentlich bezaubernden Gässchen eingenistet. Eine Villa steht hier noch, in der Maria Callas in den Fünfzigerjahren mit ihrem Ehemann, dem italienischen Unternehmer Giovanni Battista Menegini lebte,

sowie ein opulentes Hotel in einem Gebäude, das Kaiser Franz Josef sich einmal hatte errichten lassen. Nur: Das Mondäne verblasst angesichts all der Geschäftstüchtigkeit. Schön ist Sirmione vor allem in den späten Abend- oder frühen Morgenstunden, wenn die Straßen leergefegt sind und sich erahnen lässt, wieviel Charme die Altstadt mit der Festung der Scaligeri aus dem 13. Jahrhundert einmal besessen haben muss.

Schon die Römer schienen die kleine Halbinsel im Gardasee besonders in ihr Herz geschlossen zu haben. Selbst Caesar hat sie offenbar aufgesucht. Die berühmten Grotten des Catull indes sind weder Grotten noch von Catull, sondern römische Ruinen aus dem 2. Jahrhundert n. Chr. – Catull starb bereits 54 v. Chr. Unklar ist, ob sie die letzten Spuren eines Palastes oder einer Villa, einer Kaserne oder einer Herberge sind. Unter den Archäologen und Historikern ist dies bisher noch strittig. Vermutlich handelt es sich um die Überreste eines Badehauses mit Thermen. Das Gelände mit den eher unspektakulären Mauerresten liegt immerhin sehr malerisch am Ufer.

Um alte Weizen- und Reismühlen herum liegt der sehr besondere Ort Borghetto. Die wunderschöne Komposition aus eindrucksvoller alter Architektur und rauschendem Wasser bildete sich im 14. Jahrhundert am Fluss Mincio heraus. Bekannt wurde der Ort auch durch den Film „Sehnsucht" von Luchino Visconti, der zum Teil hier gedreht wurde. Einige der Mühlen unterhalb der Visconti-Brücke sind übrigens noch immer in Betrieb.

In einer der von Wassern umspülten Mühlen aus dem Jahr 1400 können Sie sogar übernachten. Die rustikalen Zimmer sind wie kleine Appartements mit einer Küche voll ausgestattet.

Il Borghetto – Vacanze nei Mulini
Via Raffaello Sanzio, 14/A
Borghetto di Valeggio sul Mincio (VR)
Tel: 0039 045 7952040
www.borghetto.it
Preise: DZ 170 Euro ohne Frühstück

VOM ESEL ZUR ZENTRIFUGE

Die Geschichte des für die Gardaseeregion typischen Olivenöls wird im Museo dell'Olio sehr schön anschaulich gemacht. Schon seit dem Mittelalter leben die Menschen hier vom Olivenöl. Da es ein weit im Norden liegendes Anbaugebiet ist, konnten die Bauern vom Gardasee ihr Olivenöl auch jenseits der Alpen, beispielsweise in Deutschland, verkaufen. Bereits im 9. Jahrhundert ist die Bedeutung des Olivenöls für Malcesine, Garda und Assenza verbürgt.
Früher wurden die Oliven mithilfe von Eseln und Mühlsteinen zerkleinert und dann in einer Eichenholzpresse ausgepresst. In Cisano sind die verschiedenen Techniken seit dem 17. Jahrhundert zu sehen. Die Entwicklung von der handwerklichen Ölmühle bis hin zu den modernen Presstechniken wird ausführlich erklärt. Im Museum können Sie übrigens auch Olivenöl probieren, ebenso wie andere Produkte aus Oliven – und in den Regalen findet sich manches beliebte Mitbringsel zum Kauf.

Museo dell'Olio
Via Peschiera, 54

37011 Cisano di Bardolino (VR)
Tel: 0039 045 6229047
www.museum.it
Montag – Samstag 9.00 – 12.30 Uhr
und 14.30 – 19.00 Uhr; sonntags und
feiertags nicht immer geöffnet;
wenn, dann von 9.00 – 12.30 Uhr
Preise: Eintritt frei

DER RUHMREICHE AUSFLUG DER VENEZIANISCHEN FLOTTE INS GEBIRGE

Eine Flotte aus Venedig wurde vor vielen Jahrhunderten auf dem Landweg von Mori aus über einen hohen Pass an den Gardasee gerollt. Klingt nach Garcia Marquez' magischem Realismus oder nach Asterix und Obelix? Im Burgmuseum von Malcesine ist dieser spektakulären Überquerung und der darauffolgenden Seeschlacht ein Ausstellungsraum gewidmet. 1439 wurde tatsächlich auf dem Gebirgsweg eine komplette venezianische Kriegsflotte von Mori aus mit circa 2000 Zugochsen und jeder Menge Schwarzpulver an den Gardasee gehievt, um dort in die Schlacht gegen die Mailänder Flotte zu ziehen. Zu jener Zeit eskalierte der Streit zwischen Venedig und Mailand um die geteilte Vorherrschaft am Gardasee: Die Mailänder ließen ihre

ehemals in Riva liegenden Schiffe vom Stapel, kontrollierten auch den Mincio und alles sprach dafür, dass Venedig den gesamten Gardasee bald an Mailand verlieren würde. Da kam ein venezianischer Offizier, Nicoló Sorbolo, auf die unglaubliche Idee, sechs 50 Meter lange Galeeren, zwei Galeonen und 26 Kriegsbarken über einen Gebirgspass an den Gardasee zu transportieren, um in die Kämpfe eingreifen zu können. Ganze Bergwälder wurden gerodet, die Stämme zu Rollen umfunktioniert, damit die Flotte an unzähligen Seilen auf die Passhöhe hinaufgezogen und von dort den Abhang zum Gardasee wieder hinuntergelassen werden konnte. Als Nachteil sollte sich allerdings erweisen, dass die Mailänder dem Treiben mit bloßem Auge zusehen konnten, bestens vorbereitet waren und die mühsam herbeigeschafften Schiffe innerhalb weniger Stunden versenkten. Warum der See später dennoch mehrere Jahrhunderte zu Venedig gehörte? Weil sich die Venezianer beim zweiten Mal klüger anstellten. Sie nutzten den Lauf der Jahreszeiten geschickter. Trotz des ersten Misserfolgs organisierten sie sich nämlich auf demselben Landweg gleich noch eine zweite Flotte, und diesmal ging das Abenteuer zu ihren Gunsten aus. Wie? Indem sie die Mailänder in den frühen Morgenstunden des 10. Aprils 1440 noch bei Dunkelheit im Hafen von Riva überraschten. Mehr Details dazu erfahren Sie sicher im Burgmuseum von Malcesine!

Castello Scaligero
Via Castello
37018 Malcesine (VR)
Tel: 0039 045 6570333
April – Oktober tägl. 9.30 – 19.00 Uhr,
im Winter unbedingt vorher anrufen
Preise: Regulär 6 Euro

EINE SEEFAHRT, DIE IST LUSTIG

Eine herrliche Gelegenheit, den Gardasee kennenzulernen, sind Ausflüge mit dem Boot oder Schiff. Am luxuriösesten und stilvollsten sind die Halbtages- oder Tagestouren auf dem Riva Aquarama Special, dem handgefertigten, siebenundzwanzigfach lackierten Boot aus der Villa Arcadio in Salò.

Lustig ist auch eine Fahrt auf einem Oldtimer, dem fast hundert Jahre alten Segelboot, das in Bardolino im Hafen liegt. Aldo Giarbini, der Capitano, kennt den See wie seine Westentasche, weiß wunderbare Anekdoten zu berichten, verzückt die Damenwelt und bereitet nebenher die kleinsten Passagiere auf das Leben als großer Kapitän auf dem unheimlich gefährlichen See vor. Bis zu zwanzig Personen nimmt er auf eine Tagestour mit. Zwischendurch werden leckere Antipasti serviert: Schinken und Melone, Mozzarella und Tomate, gebratene Auberginen und Zucchini sowie marinierte Hähnchenkeulen.

Weniger kostspielig sind die Fahrten mit den normalen Linienbooten, der Navigazione Lago di Garda, die zwischen Riva im Norden und Desenzano im Süden zirkulieren und von morgens um acht bis abends um acht in allen größeren Städten am Gardasee Halt machen. Neben der Süd-Nord-Linie gibt es noch Autofähren von Malcesine nach Limone und von Torri del Benaco nach Toscolano-Maderno. Autofahrern erscheinen diese Boote bisweilen wie eine einzige Erlösung – wenn nämlich die Gardesana Orientale und Occidentale wieder einmal verstopft sein sollten.

Navigazione Lago di Garda
Tel: 0039 800 551801
www.navigazionelaghi.it
Telefonisch und im Internet erhalten Sie auch Auskünfte zu aktuellen Abfahrtszeiten und Tarifen.

BADENIXEN & PFADFINDER

Die neue Badehose und der Bikini scheinen im Koffer bleiben zu müssen: Die Gardesana führt so dicht am See entlang, dass zwischen Leitplanken und Ufer kaum mehr als handtuchbreite Kiesstrände zu sehen sind, die an schönen Sonnentagen auch noch von unverwüstlichen Urlaubern dicht bevölkert werden.

An den öffentlichen Stränden der Campingplätze ist die Lage nicht besser. Dort tummeln sich die Gäste vom Zeltplatz mit all denjenigen Urlaubern, deren Hotels oder Pensionen keinen noch so winzigen eigenen Zugang zum See besitzen. Ganz schön sind da noch der Strand in Portese und die Bahia del Vento an der Isola del Garda.

Auf den zweiten Blick gibt es sie überraschenderweise aber doch: die versteckten Badebuchten. Sie befinden sich häufig dort, wo die Gardesana sich etwas weiter vom See entfernt. Also Auto parken und nach unscheinbar aussehenden Trampelpfaden Ausschau halten, die von der Straße hinunter zum See führen. Häufig landen Sie dann bei viel schöneren, versteckten kleinen Badeständen. Viel Glück!

Wer in den Siebzigerjahren zuletzt in einen damals ziemlich verdreckten See gesprungen ist, wird es kaum glauben: Der Gardasee hat durch die neue Ringkanalisation heute angeblich nahezu Trinkwasserqualität – ausprobiert haben wir's nicht.

1 : 50 000

Eine schöne Reise lässt sich mittlerweile leicht auch ohne gutes Kartenmaterial organisieren. Am Gardasee noch viel leichter, könnte man meinen. Die meisten Orte finden Sie selbst ohne Navigationsgerät spielend. Die Uferstraße umrundet den See und führt durch alle bekannten Orte und Städtchen.

Da die Abstecher weg vom See in die Berge hinein jedoch mit zum Schönsten gehören, würden wir Ihnen trotzdem zu einer guten Karte raten. Und auf ihr sollten auch – das ist wichtig am Gardasee – alle Ortsteile eingezeichnet sein: Also sollte sie mindestens einen Maßstab von 1 : 100 000 haben oder besser noch von 1 : 50 000.

SEE ALS GEDANKENFLÄCHE

Ihrer eigenen Sprache näherkommen, Ausdrucksmöglichkeiten entfalten, die Wahrnehmung schärfen – eine intime Reise zu sich selbst können Sie am Gardasee unternehmen. Die Lektorin Ulrike Bauer und der Schriftsteller Bodo Kirchhoff bieten in ihrem Haus in Torri del Benaco mehrtägige Schreibworkshops an. Dabei verbringen Sie nicht nur wunderbare Tage in dem angenehmen Haus und Garten mit schönem Seeblick und Pool, sondern nehmen eine selbst geschriebene Geschichte mit nach Hause. In den fünf Tagen werden Sie darin unterstützt, Ihr Thema zu finden, eine persönliche Geschichte zu schreiben, die etwas Allgemeingültiges so präzise und schön wie möglich zur Sprache bringt – pures

Futter fürs Hirn. Und das Beste: „Das Schreiben hört nach dieser Art von Initialzündung nicht auf."

Die Kunst des Erzählens
Sommerkurse am Gardasee

Casa degli olivi
37010 Torri del Benaco (VR)
Tel: 0049 (0)69 625265
www.bodokirchhoff.de/
sommerkurs.html

MEERE AUS WEISSEN SEGELN

Jedes Jahr im September verwandelt sich der Hafen von Bogliaco in ein Meer aus weißen Segeln und bunten Booten. In drei Wettbewerben treten dann zahllose Boote unterschiedlicher Kategorien in der berühmten Segelregatta Centomiglia gegeneinander an. Seit 1951 findet jährlich am Gardasee die größte europäische Regatta für Binnengewässer statt. Es ist allein schon ein Vergnügen, das Klappern der Masten und den Wind in den Segeln zu hören.

Circolo Vela Gargnano
Via Alessandro Bettoni, 23
25084 Gargnano (BS)
Tel: 0039 0365 71433
www.centomiglia.it
Montag – Samstag 9.00 – 12.00 Uhr,
Sonntag geschlossen

SALÒ – DIE PERLE

In Salò stimmt einfach alles. Die Lage ist herrlich, die Architektur, die Stimmung – wohler kann man sich am Gardasee kaum fühlen.
Selbst aus dem Erdbeben 1901 wurde in Salò das Beste gemacht: die prächtige Promenade. Zu jeder Tages- und Nachtzeit ist die Stimmung eine andere, immer aber macht es Spaß, hier am See entlangzuschlendern.

Shoppen in Salò
In dem kleinen Städtchen lässt es sich für seine Größe wunderbar Shoppen. An der Piazza Zanelli schlagen die Frauenherzen in der Gallery höher –

und wer es noch jünger mag: im Day After. Aufregende Schuhe gibt es in der Scarperia. Schuhe und Taschen finden Sie auch im Principe direkt am See (Via Lungolago, 21). Für alles andere ist die Via San Carlo die beste Adresse. Männer werden bei Mister Morris glücklich, Kinder und ihre Mütter im Piccolo Lord, den schönsten Schmuck gibt's im Tranquilli.

Den kleinen Kaffee zwischendurch empfehlen wir in der Pasticceria Di Novo mit einer Torta di Rose con Crema Chantily (Via Butturini, 24, Öffnungszeiten: Dienstag – Sonntag 8.30 – 12.30 Uhr und 16.00 – 20.00 Uhr) in der Nähe des sehr schönen Rathauses oder in derselben Straße in der Bottega del Caffé (Öffnungszeiten: Täglich 7.30 – 19.30 Uhr). Das beste Eis gibt es direkt neben dem sehenswerten, spätgotischen Dom Santa Maria Annunziata (Öffnungszeiten: Täglich 8.30 – 12.00 Uhr und 15.30 – 18.30 Uhr) in der Casa del Dolce (Piazza Duomo, 1, Öffnungszeiten: Täglich 9.30 – 23.00 Uhr).

LEDER FÜRS LEBEN

Gleich um die Ecke vom Ristorante Pizzeria Leon d'Oro gibt es einen schönen Lederladen, Leonardo Guizzetti – mit einer großen Auswahl an handgefertigten Taschen, Portemonnaies und Gürteln. We promise: they last for ever.

Leonardo Guizzetti
Via Fiume, 41
38066 Riva del Garda (TN)
Tel: 0039 0464 550564
www.leoguizzetti.it
Täglich 9.30 – 20.30 Uhr

OUTLET: MF1

Im Jahr 2009 eröffneten Outlet MF1 gibt es edlen Strick von Mario Foroni zu stark reduzierten Preisen. Mario Foroni produziert unter anderem auch für Gucci, Dolce & Gabbana und Jil Sander.

MF1 Space
Via dell Artigianato, 74
37067 Valeggio sul Mincio (VR)
Montag – Samstag 10.00 – 18.00 Uhr,
Sonntag geschlossen

VERONA RADL

Verona ist eine wunderschöne Stadt. Stundenlang könnte man von einer Gasse in die nächste abbiegen, von einem Laden zum nächsten Museum gehen und zwischendurch einen Cappuccino oder Aperitif trinken. Viel Spaß macht es aber auch, mit einem Fahrrad durch das Gewirr der Gassen zu radeln. Ein unkomplizierter Fahrradverleih ist Zanchi auf dem Corso Cavour.

Cicli Zanchi
Corso Cavour, 13 A
37121 Verona (VR)
Tel: 0039 045 8005681
www.ciclizanchi.it
Dienstag – Samstag 9.00 – 12.30 Uhr
und 15.30 – 19.30 Uhr,
Montag 15.30 – 19.30 Uhr,
Sonntag geschlossen

ÜBER DEN DÄCHERN VON VERONA

Einen wunderschönen Blick über die Dächer und auf die Stadt hat man vom 83 Meter hohen Torre dei Lamberti. Oben von dem mittelalterlichen Turm aus bekommen Sie ein Gefühl für die Proportionen Veronas. Die Piazza delle Erbe liegt Ihnen dann zu Füßen.

La Torre dei Lamberti
Via della Costa, 2
37121 Verona (VR)
Tel: 0039 045 9273027
www.agec.it
Täglich 8.30 – 19.30 Uhr

Das imposante Castelvecchio hat seinen Erbauern kein Glück gebracht, dafür ist es heute ein Glücksfall für Verona und die Museumsarchitektur. Ursprünglich hatten die Scaligeri sich das Castelvecchio wohl auch errichten lassen, um sich vor ihren eigenen Leuten zu schützen, denen sie mit unverhältnismäßig hohen Steuern das Leben schwer machten. Ihre große Zeit ging dem Ende entgegen – und nur wenige Jahre nach der Fertigstellung nahmen die Visconti aus Mailand, unterstützt von vielen Bürgern Veronas, die Festung ein. 1923 wurde das im Lauf der Zeit ziemlich ramponierte Castelvecchio auf die existierenden Sammlungen hin aufwändig zum Kunstmuseum umgebaut, dem Civico Museo d'Arte. Die Sammlungen sind beachtlich und auf die großen Künstler Veronas fokussiert mit Skulpturen und Malerei von der Gotik über die Renaissance bis hin zum Barock.

Castelvecchio
Corso Castelvecchio, 2
37121 Verona (VR)
Tel: 0039 045 8062611
www.comune.verona.it/
castelvecchio/cvsito
Dienstag – Sonntag 8.30 – 19.30 Uhr,
Montag 13.30 – 19.30 Uhr; Kasse
schließt um 18.45 Uhr
Preise: Regulär 6 Euro

Ein besonderer Ort ist das Centro Internazionale di Fotografia Scavi Scaligeri: Hier werden in Wechselausstellungen interessante internationale, renommierte Fotografen ausgestellt – wie etwa Henri Cartier-Bresson. Mit dem Besuch der Ausstellungen erhalten Sie gleichzeitig die Möglichkeit, sich die archäologischen Ausgrabungen im Zentrum Veronas anzusehen. Zwischen aufeinandergetürmten Steinen sind die Ruinen römischer Wohngebäude, Kanalisationen und Gehsteige zu entdecken. Die

Funde reichen bis ins Mittelalter und auch prächtig ausgestattete Gräber können besichtigt werden.

Centro Internazionale di Fotografia
Scavi Scaligeri
Cortile del Tribunale
Piazza Viviani
37121 Verona (VR)
Tel: 0039 045 8007490
www.comune.verona.it/scaviscaligeri
Dienstag – Sonntag 10.00 – 18.30 Uhr, Montag geschlossen

MODERNE KUNST

Die Veroneser Künstler des 19. und 20. Jahrhunderts werden in der Galleria d'Arte Moderna im Palazzo Forti ausgestellt. Bekannter sind allerdings die Wechselausstellungen. Hier werden regelmäßig die großen Künstler der klassischen Moderne und Gegenwart gezeigt – Künstler wie beispielsweise Chagall.

Galleria d'Arte Moderna
Volto Due Mori, 4
37121 Verona (VR)
Tel: 0039 045 8001903
www.palazzoforti.it
Dienstag – Freitag 9.00 – 19.00 Uhr, Samstag und Sonntag 10.30 – 19.00 Uhr; Kasse schließt um 18.00 Uhr

VERONAS GALERIEN

FaMa

Mit allein sechzehn Museen hat Verona einiges an Kunst und Kultur zu bieten. Es lohnt sich aber auch, die privaten Galerien im Auge zu behalten – wie etwa die kleine Fama Gallery auf dem Corso Cavour.

Fama Gallery
Corso Cavour, 25/27
37121 Verona (VR)
Tel: 0039 045 8011410
www.famagallery.com
Dienstag – Samstag 10.00 – 13.00 Uhr und 14.30 – 19.30 Uhr, Sonntag und Montag geschlossen

Durch Verona zu streifen, hier und da einen Kaffee zu trinken und in den Läden zu shoppen ist ein Hochgenuss. Ein Must-look für die Damenwelt ist das Folli Follie auf dem Corso Porta Borsari, 38. Folli Follie für Männer ist in der Via G. Oberdan, 9. Auch die Via Mazzini lohnt sich mit den Läden von Al Duca d'Aosta, ebenso wie die Gegend um die Via S. Rocchetto.

Folli Follie
Corso Porta Borsari, 38
37100 Verona (VR)

Tel: 0039 045 8015415
www.follifollie.it
Montag 15.00 – 19.30 Uhr,
Dienstag – Samstag 9.30 – 13.30 Uhr
und 15.00 – 19.30 Uhr,
Sonntag geschlossen

Folli Follie Verona uomo
Via G. Oberdan, 9
37121 Verona (VR)
Tel: 0039 045 592939
Montag 15.00 – 19.30 Uhr, Dienstag –
Samstag 10.00 – 13.00 Uhr und
15.00 – 19.30 Uhr

Verona ist natürlich voll mit guten Pasticcerien. Eine wollen wir trotzdem hervorheben: De Rossi. Hier finden Sie rund um die italienischen Teigwaren gleich alles an einem Ort. De Rossi ist nicht nur eine tolle Pasticceria – hier können Sie auch frische Pasta mit nach Hause nehmen oder als Snack kleine Pizzen essen.

De Rossi
Corso Porta Borsari, 3
37100 Verona (VR)
Tel: 0039 045 8002489
www.derossi.it
Täglich 7.30 – 20.00 Uhr

Auszugehen ist in Verona ein einziges Vergnügen. Die Stadt ist voller Menschen und Lokale. Herrlich: Mittags von einem Ort zum nächsten zu ziehen, hier und da einen Schluck Wein zu trinken und Kleinigkeiten zu essen. Abends können Sie die nächste Runde drehen und einen Aperitif trinken. Nachts sammeln sich Trauben von Menschen vor den Lokalen. Sehr schön ist es beispielsweise in der Osteria del Bugiardo oder im Caffé Monte Baldo.

Osteria del Bugiardo
Corso Portoni Borsari, 17 A
37121 Verona (VR)
Tel: 0039 045 591869
www.buglioni.it
Sonntag – Donnerstag 11.00 – 23.00 Uhr
Freitag und Samstag
11.00 – 24.00 Uhr

VERONA: ITALIENISCHE KÜCHE SELBST GEMACHT

Wer für seine Kochkünste und italienischen Spezialitäten noch passende Küchengeräte sucht, ist im Soufflé an der Piazza SS. Apostoli, 11 richtig (Öffnungszeiten: Dienstag – Samstag 9.30 – 19.30 Uhr und Montag 14.30 – 19.30 Uhr) oder in der Coltelleria Fazzini auf dem Corso San Anastasia, 4 A (Öffnungszeiten: Dienstag – Samstag 9.00 – 12.30 Uhr und 15.00 – 19.30 Uhr sowie Montag 15.00 – 19.30 Uhr).

GOOD OLD ITALY IM VALPOLICELLA

Diese kleine Bar an der Straße in der Weingegend Valpolicella könnte authentischer und unspektakulärer kaum sein. Sie lässt das alte Italien aufleben: einfach und mit großem Herzen. Ältere Herren aus dem Dorf sitzen plaudernd herum, die Fotos aller größeren Dorfereignisse hängen an den Wänden und die Sandwiches in den Vitrinen sind sehr viel besser als gedacht – so wie alles hier in diesem tollen Laden. Im riesigen Saal im Nebenraum steppt bei Dorffesten der Bär.

Bar Trattoria Al Ponte
Gianluigi Zardini
Piazza Cavalieri di Vittorio Veneto, 1
37029 San Pietro in Cariano (VR)
Tel: 0039 045 7703677
Montag – Donnerstag und Samstag
7.00–21.00 Uhr, Freitag 7.00–24.00 Uhr

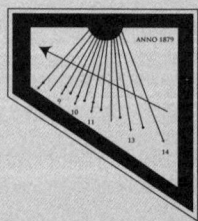

Mitten in den Weinbergen in Fumane findet sich eine schlichte Lösung für alles, was Sie brauchen. In der Enoteca della Valpolicella können Sie einkehren und typische Veroneser Gerichte essen: gegrilltes Fleisch und hausgemachte Pasta. Zudem werden Weine aus dem Valpolicella verkauft. Und in der Locanda La Meri-

diana um die Ecke können Sie gleich übernachten.

Enoteca della Valpolicella
Via Osan, 45
37022 Fumane (VR)
Tel: 0039 045 6839146
Dienstag – Samstag 12.00 – 14.00 Uhr
und 19.30 – 21.30 Uhr,
Sonntag 12.00 – 14.00 Uhr

Locanda La Meridiana
Via Osan, 16 C
37022 Fumane (VR)
Tel: 0039 045 6839146
www.lameridiana-valpolicella.it
Preise: DZ ab 90 Euro inkl. Frühstück

VON DER LIEBE ZUM ESSEN

Die Küche am Gardasee ist bodenständig. Mindestens fünf verschiedene Kochtraditionen haben hier ihre Spuren hinterlassen: die aus Venetien, der Lombardei, aus Verona, dem Trentino und die aus Österreich. Die Produkte der Region sind von bester Qualität und die Menschen besitzen Respekt vor ihren tief verwurzelten Kochtraditionen. Ihre Küche hat einiges zu bieten. Geprägt wird

sie vom Rhythmus der Natur. Jede Jahreszeit hat ihre Gerichte. Daher schmecken die Zutaten alle so aromatisch. Sie kommen reif und frisch aus der nahen Umgebung auf den Tisch: nämlich dann, wenn sie am besten sind.
Unbedingt probieren sollten Sie am Gardasee die Seefischgerichte und die Fleischspezialitäten. Häufig wird Polenta dazu angeboten. Fisch und

Fleisch wird fast überall auch auf dem Grill sehr gut zubereitet. Berühmt ist der lange Grillspieß, der Spiedo Bresciano, für viele Personen. Eine gute Pasta und ein Risotto gehören ebenfalls unbedingt einmal auf den Tisch.

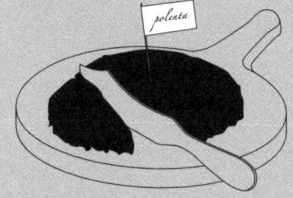

Spiedo Bresciano

Sonntags gibt es zwischen 12.00 und 13.00 Uhr den Spiedo Bresciano in der Locanda Trattoria Le Fontane – lieber früher als später da sein, da der Spieß zwischen drei und sechs Stunden vor dem Holzkohlefeuer gedreht wird. Er ist mit diversen Fleischsorten (bisweilen auch mit Singvögeln), großen Kartoffelstücken und duftenden Salbeiblättern bestückt. Dazu gibt es traditionell Polenta und Rotwein. An anderen Tagen kommen Sie nur mit Vorbestellung in diesen herzhaften Genuss. In dem sehr einfachen, authentischen Landgasthof können Sie (bis auf dienstags) durchgängig verschiedene typische Grillgerichte, Hühnchen, Wurstplatten und Pastagerichte bekommen. Falls Sie die gute Landluft länger genießen wollen: Le Fontane vermietet schlichte Doppelzimmer ab 70 Euro inklusive Frühstück.

Locanda Trattoria Le Fontane
Via Case Sparse
25084 Briano di Gargnano (BS)
Tel: 0039 0365 72499
www.locandalefontane.it
Mittwoch – Montag 9.00 – 21.00 Uhr, Dienstag geschlossen

Das Salzige im Süßen

Gardaseesardinen sind nicht nur ein kleiner Zungenbrecher, sondern eine große Weltsensation. Warum? Weil sie wie Salzwasserfische in Schwärmen durch den See wandern und sich je nach Jahreszeit woanders aufhalten. Daher werden die frisch gefangenen Gardaseesardinen an verschiedenen Ufern zu unterschiedlichen Jahreszeiten angeboten. Die Sardinen im Gardasee haben sich in dem ehemaligen Meerwasser an die allmähliche Entsalzung des Alpensees gewöhnt und an die neuen Lebensbedingungen angepasst – im Süßwasser jedoch ihre Salzwassergewohnheiten beibehalten. Die Sardinen sind einzigartig und schmecken auch so. Allerdings kommen sie in guten Restaurants jahreszeitenabhängig immer nur für kurze Zeit auf den Tisch.

Mal bleibt beim Telefonieren die Null vor der Vorwahl, mal entfällt sie. In jedem Land sind die Gepflogenheiten ein wenig anders. In Italien ist es eigentlich ganz einfach: Wenn Sie eine Festnetznummer in Italien anrufen, bleibt nach der Ländervorwahl 0039 die 0 der lokalen Vorwahl – während Handynummern den Ärger mit der Null elegant umschiffen – sie haben gar keine und sind an der fehlenden 0 leicht zu erkennen.

PERSÖNLICHKEITEN

D. H. Lawrence (1885 – 1930)

D. H. Lawrence hat mit seinem Reisetagebuch „Twilight in Italy" eines der schönsten Bücher über den Gardasee geschrieben. In Gargnano, im Ortsteil Villa, können Sie mit dem Buch in der Hand einige der Orte aufstöbern, einzelnen Passagen nachhängen, Stimmungen einfangen oder auch einfach nur einen Spaziergang machen.

In der Via Colletta, 44 verbrachte er ein halbes Jahr (18.9.1912 – 30.3.1913) mit seiner Liebsten Frieda Weekly, geborene von Richthofen, in einem möblierten Apartment im ersten Stock der Villa Igea (heute Sitz der Comunitá Montana).

Von dort geht es hinauf zu seiner Lieblingskirche, San Tommaso, die vom Ufer aussieht „als hocke sie auf den Hausdächern". Keine Sorge: Sie können den Weg gar nicht verfehlen – D. H. Lawrence nahm jedes Mal einen anderen durch das Labyrinth der verwinkelten, winzigen Hintergassen hinauf zu San Tommaso, deren Glocken sein Leben in der Villa Igea begleiteten. Von dort hinunter zur Mole, in die Bar Valentino. Ein wundervoll einfacher, unprätentiöser Ort in dem romantischen kleinen Hafen mit den niedrigen Orangenbäumchen und den schaukelnden Booten.

In Gargnano beendete D. H. Lawrence seinen Roman „Söhne und Liebhaber", schrieb Gedichte wie

„Sonntagnachmittag in Italien" und „Ein Frühlingsmorgen", vor allem aber sein Reisetagebuch, das auf Deutsch „Italienische Dämmerung" heißt, mit bezaubernden Passagen zum Westufer und Gargnano.

Briefe an Julia (2010)
Regie: Gary Winick

Bisher haben wir das romantischste Kapitel Veronas kaum berührt: Shakespeares Geschichte von Romeo und Julia. Der kleine, viel besuchte Balkon wird nirgends in so ein schönes Licht gerückt wie in „Briefe an Julia". Die häufig überlaufene und inszeniert wirkende Touristenattraktion entwickelt, mit einem Mal so liebevoll in eine anrührende Geschichte eingebettet, tatsächlich einen unvermuteten Charme. Also: Nach dem Film bitte nicht enttäuscht sein, wenn sich der Ort in Verona in Wirklichkeit als weniger bezaubernd entpuppt. Es hat sie ja auch nie gegeben, Romeo und Julia in Verona – und den Balkon folglich auch nicht. Dennoch: Diese Schmonzette ist als Liebeserklärung an Verona – trotz allem Kitsch – herrlich. Der Film spart nicht an dick aufgetragenen Happy Ends – er hat sogar gleich zwei davon. Dabei ist er auch noch ganz süß gemacht. Falls Sie so etwas wie glühende Vorfreude auf Verona und Italien entwickeln wollen, dann jedenfalls ist es genau der richtige Film.

Der Gardasee in Filmen

Der Gardasee selbst ist cineastisch nicht ausgeschöpft. Am bekanntesten ist wohl Pasolinis Skandalfilm „Salò oder die 120 Tage von Sodom". Er gehört zu den umstrittensten und am heftigsten diskutierten Filmen Pasolinis. Die alte Grandezza am See liefert eine spektakuläre Kulisse. Vom Gardasee ist allerdings nicht viel zu sehen. Als Amuse-Gueule für eine Reise an den Gardasee ist er jedenfalls denkbar ungeeignet. Ganz anders ist Luis Trenkers „Flucht in die Dolomiten" von 1955. Auch hier hat Pasolini mit am Drehbuch geschrieben. Er ist aber wohl auch nur den Freunden des Films der Fünfzigerjahren zu empfehlen.

Spektakuläre Verfolgungsjagden auf der Gardesana wurden für den James Bond „Ein Quantum Trost" am Gardasee gedreht. Der See spielt allerdings sonst im Film keine große Rolle.

einigen Jahrhunderten bereisen. Da stört es auch kaum, dass dem Gardasee und Verona nur relativ wenige Seiten am Anfang des umfangreichen Buchs gewidmet sind.

Italienische Reise
von Johann Wolfgang von Goethe

Goethes Begeisterung auf der Italienreise 1786 wirkt auch über zwei Jahrhunderte später noch ansteckend. Die Glücksgefühle beim Anblick des Sees, der Berge, aber auch der Feigen, Ölbäume, Zitronen, selbst der Birnen und natürlich der Seeforellen sind anrührend schwärmerisch und machen Lust, selbst mal wieder über die Alpen bis nach Italien zu reisen. Damals wirkte der Gardasee mit seinen Winden als Naturereignis unberechenbar auf ihn. Ganz im Gegensatz zu den Einwohnern mit ihrem vermeintlichen Schlaraffenlandleben und ihrer Sorglosigkeit. Toiletten gab es damals offenbar kaum, auch keine Glasfenster und nicht einmal Schlösser in den Türen. Es ist, als könnte man auf den wenigen Seiten den Gardasee noch einmal wie vor

Italienische Dämmerung
von D. H. Lawrence

Das schönste Buch über den Gardasee hat bisher D. H. Lawrence geschrieben. Seine „Italienische Dämmerung" besitzt eine bezaubernde Poesie und Lebenskraft, seine Wahrnehmungen sind scharf, die Metaphern anregend. Es ist ein großes Vergnügen, mit dem Buch in der Hand am See zu sitzen und den Gardasee noch einmal neu mit den Augen von D. H. Lawrence zu sehen.

Meeresbrausen, Sonnenglanz.
Poeten am Gardasee
Herausgegeben von Dirk Heißerer

Wundervolles Sachbuch zum Gardasee: Die Seeorte werden mit jeder Seite des Buchs interessanter. Heißerer hilft uns, den Gardasee mit den Augen Goethes, Rilkes, Nietzsches, Thomas und Heinrich Manns, Kafkas, Stifters, D. H. Lawrences, Heyses, D'Annunzios, Stendhals, Catulls, Pounds, Orffs, Gides und Dantes noch einmal aufs Neue kennenzulernen.

Bodo Kirchhoffs Bücher

Bei keinem zeitgenössischen Autor taucht der Gardasee so oft auf wie bei Bodo Kirchhoff. Kein Wunder: Der Autor lebt und arbeitet ja auch in Frankfurt und am Gardasee. In der Erzählung „Überleben" ließe sich der Gardasee in gewisser Weise sogar als Hauptperson bezeichnen. In den Romanen „Parlando" und „Principal" spielt der See ebenfalls eine Rolle. Derzeit schreibt Bodo Kirchhoff an einem Roman, der noch sehr viel mehr mit dem Gardasee zu tun haben wird. Wir sind sehr gespannt! Egal, ob sie mit dem Erzählband „Der Sommer nach dem Jahrhundertsommer" oder mit den Romanen „Parlando" oder „Principal" im Gepäck an den Gardasee reisen werden, Sie treffen immer eine gute Entscheidung.

MEINE PERFEKTE WOCHE

Montag:

_____

_____

Dienstag:

_____

_____

Mittwoch:

_____

_____

Donnerstag:

_____

_____

Freitag:

_____

_____

Samstag:

_____

_____

Sonntag:

_____

_____

NOTIZEN

LUST AUF DAS WELTWEIT BESTE?

Die Buchreihen „Ein perfektes Woche in ..." und „Eine perfekte Woche ..." werden vom Online-Cityguide www.smart-travelling.net herausgegeben. Hier finden Sie viele weitere ungewöhnliche Adressen für über 30 Städte und Regionen weltweit. Tipps für Hotels, Restaurants, Cafés, Shops und Aktivitäten – individuell und sorgfältig recherchiert. Denn Smart Travelling zeigt nicht alles und jedes, sondern sucht nach dem Authentischen und Besonderen, nach Orten, die das Flair einer Stadt oder Region ausmachen und uns immer wieder empfangen wie ein guter Freund. Schauen Sie vorbei unter www.smart-travelling.net: Klicken Sie sich durch unseren kulinarischen Best-of-Blog, buchen Sie Ihr Hotel bequem online, und freuen Sie sich mit unseren ausgesuchten Tipps von Antwerpen über Rom bis San Francisco auf Ihre nächste Reise.

Erfahren Sie das Neueste von Smart Travelling auf Facebook. Werden Sie jetzt Fan! facebook.com/smarttravelling

www.smart-travelling.net